LE DEVOIR SOCIAL

LE
DEVOIR SOCIAL

PAR

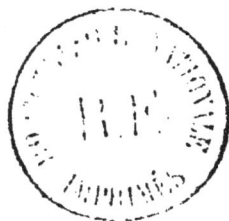

LÉON LEFÉBURE

PARIS
LIBRAIRIE ACADÉMIQUE DIDIER
PERRIN ET Cie, LIBRAIRES-ÉDITEURS
35, QUAI DES GRANDS-AUGUSTINS, 35
1890

LE DEVOIR SOCIAL

PRÉFACE

Que nous sommes loin du mouvement qui emportait les esprits, il y a un siècle ! On se flattait alors d'avoir découvert le sècret de résoudre le problème social et de réaliser toutes les améliorations que comporte ici-bas la condition humaine. La raison et la liberté devaient suffire à tout.

Emancipée d'une trop longue tutelle, formée par la science, affranchie de la servitude des dogmes tristes et des terreurs superstitieuses, la raison allait seule, désor-

1

mais, guider l'homme dans l'accomplissement de ses devoirs, comme elle l'avait remis en possession de ses droits, et elle
trouverait dans la liberté l'instrument de
tous les progrès.

On était enfin sur le point « de voir paraître au grand jour les vérités essentielles
au bonheur du genre humain ».

Ainsi parlait Rousseau. Or, cent ans à
peine se sont écoulés et de quelque côté que
l'on prête l'oreille on n'entend que des appels à la contrainte légale, quand ce ne
sont pas des appels à la violence. Les devoirs les plus élémentaires ne peuvent plus
être remplis, on le dirait du moins, que
moyennant quelque sanction pénale qui en
garantisse l'observation. Si un spectateur
attardé s'avise d'invoquer la raison et la liberté, il s'expose à les entendre impudem-
ment reléguer parmi les « vieilles guitares ».
Cela s'est dit. La formule magique du jour

est le mot « obligatoire ». La chose se ré-
pand avec le mot, il ne s'agit plus que de
restreindre le domaine de la liberté, de suppléer à l'insuffisance du gouvernement de
la raison, si bien que la tutelle a repris faveur et qu'au train dont on va, il n'y aura
bientôt plus de changé que les tuteurs.

Est-ce un paradoxe! Non.

En haut et en bas des sphères sociales
la tendance est la même, sous des formes
différentes.

C'est à la force, au renouvellement radical
de l'état social par la violence, que le prolétaire aigri, aveuglé, demande une solution.

C'est à des mesures législatives qui reposent en définitive sur la contrainte, sur la
force, que toute une école d'hommes politiques, d'économistes, d'écrivains, demande
un remède aux plaies sociales.

D'obéir à la conscience, à la raison, à la
justice, à l'humanité, à la loi divine, ou

même à l'intérêt bien entendu, il n'en est plus question.

Pour déterminer le père de famille à remplir ses devoirs envers son enfant, à lui donner l'instruction nécessaire, c'est sur la menace de la prison que l'on compte ; pour amener le citoyen à s'acquitter de ses devoirs politiques, on parle du vote obligatoire. L'organisation de la charité légale s'annonce déjà. Et, quant au régime du travail, on entend que l'État intervienne sous toutes les formes, qu'il soit le maître de bouleverser à son gré les clauses du contrat de louage, qu'il règle les rapports de l'ouvrier et du patron ; on crée l'ouvrier obligatoire. En un mot, dans un temps où l'instruction a été répandue à flots, dans un temps de suffrage universel, où la direction des suprêmes intérêts de la nation est livrée au bulletin de vote, il semble que la présomption soit qu'aucun Français n'a plus ni l'intelligence de ses devoirs, ni, si par hasard il les connaît, la volonté de les remplir; qu'il faille tout lui imposer, que notre civilisation, par conséquent, s'appuie uniquement sur le gendarme, en sorte que l'on arrive à se demander si la vraie, si la seule question qui se pose en ce moment, n'est pas celle de savoir qui gardera le gendarme.

Le spectacle de tant de causes qui concourent, à l'heure où nous sommes, à énerver la pratique du devoir social, m'a inspiré le dessein de réunir dans ce volume des études diverses animées d'un même esprit et qui tendent au même but [1] : faire appel à la conscience, à la libre initiative, chercher à les réveiller là où elles sommeillent, à entretenir ou à exciter chez le chrétien et le ci-

---

1. En les publiant sous ce nom; le *Devoir social*, je reprends un titre que j'avais donné à une étude parue en 1874. Je n'oublie pas les pages généreuses et éloquentes que ce sujet a inspiré, depuis lors, à mon ami, M. Georges Picot.

toyen, la flamme du dévouement, la flamme des nobles entreprises. La pensée est peut-être ambitieuse, mais, à coup sûr, l'effort vient à propos et l'ambition est justifiable.

Parmi les violents qui n'attendent, que de la force, l'amélioration de la condition du travailleur, on s'est flatté de voir, depuis quelque temps, un symptôme d'apaisement parce qu'une partie d'entre eux se place sur le terrain des revendications légales. Il y a, en effet, une fraction du parti socialiste dont le nom indique la tendance : les *possibilistes*, qui semblent disposés à rejeter l'idée d'une révolution violente, à s'associer à toutes les mesures pratiques capables d'améliorer le sort de l'ouvrier, à compter sur les progrès de l'opinion, sur l'intervention des pouvoirs publics pour amener peu à peu le triomphe de leur programme.

Au fond, il n'y a là qu'une question de tactique. Les Congrès socialistes qui ont

eu lieu à Paris, en 1889, à l'occasion de
l'Exposition universelle, l'ont bien démontré. Le point de départ demeure le même,
à savoir : que l'organisation actuelle de la
société est mauvaise, et doit être radicale-
ment changée. Et, malgré les différences
qui caractérisent les diverses fractions du
parti, possibilistes, marxistes et autres ont
le même objectif et les mêmes moyens d'action : leur objectif, « c'est la confiscation
des capitaux soit immobiliers soit mobiliers
des classes moyennes et supérieures, et
l'allocation de ces capitaux à la multitude
ouvrière qui les exploitera désormais à son
profit. Leurs moyens d'action se résument
dans l'emploi de la force pour s'emparer de
l'Etat, et mettre la puissance irrésistible de
son mécanisme au service des ouvriers[1]. »

1. Au Congrès international des travailleurs de Paris,
en 1889, le délégué anglais, Hyndman, a dit :
..... « Hâtons-nous de contracter la grande alliance internationale qui permettra enfin aux travailleurs de tous

On comprend que cette conception simple et brutale du progrès soit à la portée
de l'opinion sentimentale de la multitude,
et satisfasse à la fois ses appétits matériels
et ses antipathies morales.

Cependant l'apparente modération de
ces groupes socialistes a fait illusion.
Bien des esprits, même parmi les conservateurs, parmi les catholiques, ont cru
qu'il était sage et politique de seconder,
dans ce qu'elles semblaient avoir de légitime, certaines de leurs revendications, et

les pays de prendre possession du sol, des machines et
des moyens de transport. »

Et, dans un entretien qu'un représentant de la presse
parisienne a eu avec un des délégués officiels du gouvernement français à la conférence de Berlin, M. Delahaye, un langage analogue, rapporté par de nombreux
journaux, lui est prêté, qui n'a été l'objet d'aucun dé-
menti. « Ce que l'on demande actuellement, aurait déclaré M. Delahaye, n'est qu'un commencement. Plus tard
doivent venir la réglementation internationale de la
production et l'attribution au *quatrième État* de l'outil-
lage industriel. Si ces réformes ne se font pas, on fera
la révolution sociale, même en cas de guerre. »

sinon de contracter des alliances for-
melles, du moins de faire des campagnes
communes.

Cette attitude a eu pour première conséquence d'accentuer le courant qui se produit en faveur d'une intervention de plus en
plus étendue de l'État dans les questions
ouvrières, dans les rapports du capital et du
travail. Déjà un grand nombre d'hommes
politiques et d'économistes préconisaient
ouvertement cette doctrine. Elle a été formulée dans un discours célèbre, il n'y a pas
très longtemps, par un ministre qui a eu,
durant plusieurs années, dans les mains, le
gouvernement de la France, et ce discours a
été reproduit par le *Journal officiel*[1].
« Plus une société est démocratique, y li-
sons-nous, plus la bataille pour la vie est
ardente, plus le flot de l'industrialisme y
monte comme une marée qui n'aurait plus

1. M. Jules Ferry, *Journal officiel* du 1er avril 1881.

de reflux ; plus la société est laborieuse, égalitaire, plus il importe que l'Etat se charge du rôle, non seulement d'administrateur, de gendarme, de ménagère de la société, mais de tuteur des hautes études, et, permettez-moi le mot, de gardien de l'idéal. »

Les partisans de ce programme en ont tiré des conclusions pratiques très variées et dont plus d'une assurément dépasse les intentions de son auteur. Ce qui est certain, c'est que, plus que jamais, on tend à faire de l'Etat un entrepreneur universel, le dispensateur de la richesse entre les différentes classes de la société, et que l'on cherche à l'élever comme une idole sur les ruines du patronage volontaire considéré comme dégradant pour l'ouvrier.

Il ne saurait être surprenant que les socialistes trouvent leur compte dans une tendance qui attribue à l'Etat toutes les fonctions et dépossède les classes supérieures, et qu'une telle politique fasse prendre patience aux plus clairvoyants, aux moins pressées d'entre eux. Leur tâche ne saurait être mieux facilitée, ni l'effort final plus simplifié.

Est-ce réagir sagement contre le péril de ces doctrines que d'en prendre absolument le contre-pied, et de proscrire toute intervention de l'État, en érigeant en dogme la maxime du « laissez-faire ». Évidemment non. Un philosophe éminent [1] a dit que « si les socialistes, en exagérant l'idée de la société, détruisaient la société, il ne serait pas moins à craindre que certains économistes, en exagérant l'idée de l'individu ne vinssent à détruire l'individu ».

Il n'est pas douteux que l'État a une grande mission à remplir, que la société organisée en tant que corps agit par l'État:

[1]. Paul Janet.

c'est la forme de son action. C'est un principe vivant et actif. L'individu n'est pas
tout. Mais l'État ne peut-il pas, sans l'opprimer, l'aider à se développer. Ne peut-il
pas tout d'abord remplir sa mission de protection vis-à-vis des faibles, vis-à-vis de la
femme, de l'enfant, remplir ses devoirs de
répression en face des abus extérieurs?
Ensuite, n'est-ce pas son rôle de dégager
les forces sociales paralysées par suite
d'une mauvaise législation ou des conditions historiques particulières à certains
peuples, de mettre en mouvement l'initiative des particuliers et des associés, en dépit de la routine, de l'égoïsme ou de la ra-
pacité, afin de pouvoir la combiner avec
l'action législative?

Quelle sera, dans la pratique, la mesure
exacte de cette intervention [1]? Voilà le pro-

1. Le Pape Léon XIII a posé, avec une merveilleuse net-
teté, la question dans des actes publics tout récents. Il
n'admet pas « la nécessité de l'intervention et de l'action

blème qui divise les esprits, et rien n'est
assurément plus délicat. D'une part, ne
pas se désintéresser des conditions du travail et du sort de l'ouvrier; d'autre part,
ne pas empiéter sur les droits de l'individu

des pouvoirs publics, quand, dans les conditions qui
règlent le travail et l'existence de l'industrie, il ne se
rencontre rien qui offense la moralité, la justice, la dignité humaine, la vie domestique de l'ouvrier; mais
quand l'un ou l'autre de ces biens se trouve menacé ou
compromis, les pouvoirs publics, en intervenant comme
il convient, et *dans une juste mesure,* feront œuvre de
salut social. »... Et, dans une autre occasion, Léon XIII,
après avoir proclamé : « Que ce qui importe par dessus
tout, ce qui est indispensable, c'est qu'on laisse à l'E-
glise la liberté de ressusciter dans les âmes les préceptes
divins et d'étendre sur toutes les classes de la société sa
salutaire influence, » ajoute « qu'il est nécessaire que,
moyennant des règlements et des mesures sages et équi-
tables, on garantisse les intérêts des classes laborieuses,
on protège le jeune âge, la faiblesse et la mission toute
domestique de la femme, le droit et le devoir du repos
du dimanche et que, par là, on favorise dans les familles
comme dans les individus la pureté des mœurs, les habitudes d'une vie ordonnée et chrétienne. Le bien public, non moins que la justice et le droit naturel, réclame
qu'il en soit ainsi. »

(Allocutions du 12 octobre 1887 et du 20 octobre 1889.)

On se souvient que ces enseignements ont été, dans
ces derniers temps, plus d'une fois développés avec une
lumineuse éloquence par Mgr l'évêque d'Angers.

et énerver l'initiative privée, sans laquelle rien n'est possible; tels sont les deux termes du problème qui se pose pour l'État. Comment les concilier sans en sacrifier aucun, exciter l'initiative individuelle sans se substituer à elle, s'effacer dès que son rôle d'excitateur a produit son effet?

L'initiative, il faut le reconnaître, peut être plus ou moins éteinte, selon les temps, les pays; elle peut être plus ou moins engourdie par l'égoïsme, l'indifférence, la cupidité. Il n'est pas très aisé de la conduire à l'action dans un pays comme le nôtre, où depuis longtemps on s'est attaché à détruire tout ce qui avait une vie propre, où l'on a tout *molécularisé*, où l'on a expérimenté, comme en un champ d'essai, — il suffit de lire les derniers travaux de M. Taine, pour s'en convaincre, — tous les systèmes, tous les organismes artificiels.

Au sortir de telles opérations, le corps

social est resté anémié. La nécessité d'y réveiller les énergies atrophiées n'en est que
plus pressante. Ce serait folie de chercher
à le galvaniser. Il faut que le sang y circule
de nouveau. Autrement, c'est la décadence.
Nous reverrons les derniers jours de l'empire romain où le gouvernement voulant
tout faire, le citoyen n'existait plus, où tout
était devenu obligatoire, « où l'Etat s'était
proposé d'assurer le travail, en l'organisant
par des corporations réglementées et par
l'établissement de conditions héréditaires et
où il n'organisa que la misère publique[1] ».
Si nous avions su déjà rendre à l'individu,
à l'association, toute leur vitalité, les problèmes se résoudraient d'eux-mêmes. Ce
n'est pas à coup de décrets ou de lois qu'ils
seront tranchés. Et pour en revenir à la
condition de l'ouvrier, quand on examine
ce que peuvent les mesures législatives, on

1. M. Victor Duruy.

est frappé de voir à quel point elles sont
insuffisantes et à quoi elles se réduisent.

Les programmes formulés de toutes parts
en sont une preuve. Qu'on les discute,
qu'on les creuse ; ils renferment cinq ou six
mesures, toujours les mêmes qu'on va répé-
tant à l'envi. Les promoteurs de réformes
ont beau se mettre l'esprit à la torture, ils
ne trouvent rien de plus, à moins qu'ils ne
tombent dans l'absurde de la pure utopie.

Mais si la mesure dans laquelle l'intervention de l'État doit se produire est difficile à préciser théoriquement, elle peut du
moins être déterminée à l'aide des principes généraux dont s'inspire chaque école.

Si l'on s'en tient à ceux qui viennent
d'être indiqués, il paraît évident que ce
serait entraîner l'État hors de sa voie que
de le faire intervenir dans le régime du
travail, à dessein de changer par là la répartition naturelle de la richesse, de vou-

loir qu'il traitât l'ouvrier adulte comme un
mineur, et que par une étrange contradic-
tion, il lui reconnût les droits politiques les
plus étendus, et en même temps le réputât
incapable de gouverner ses propres intérêts.

Il n'est pas moins contraire aux vrais
principes de transformer l'Etat en ban-
quier, en assureur universel. Un grand
empire voisin a mis à la mode les assurances obligatoires. Il apprendra à ses dépens ce que vaut cette expérience, et où
l'on se trouve conduit quand la législation
a posé en principe que tout individu a droit
à une pension de retraite dans ses vieux
jours, que ce n'est pas à lui à chercher à se
la constituer, ou à trouver une assistance
dans sa famille. Il ne faut pas longtemps pour
arriver à détruire l'idée qu'il y a un devoir
de conscience pour les patrons à s'occuper
du sort de leurs collaborateurs, pour sup-

primer tout lien entre eux. On a ouvert en outre cette terrible et insoluble question, celle de savoir où doit commencer et s'arrêter cette pension de retraite, et quel chiffre sera suffisant.

Je ne parle pas de la folie qu'il y a à mettre à la disposition de l'Etat des capitaux immenses, ni de cette autre folie qui consiste à vouloir remédier aux situations les plus diverses, les plus opposées, par des mesures générales, absolues, uniformes, d'oublier que le progrès moral et social s'accomplit sous les formes les plus variées, et que sa première condition est la diversité.

Il y a une sphère d'action où l'Etat peut singulièrement contribuer, directement et indirectement, à l'amélioration de la condition du travailleur, et c'est celle à laquelle il semble que l'on pense le moins.

On oublie volontiers que l'une des pre-

mières conditions qu'exigent ces améliorations, c'est une bonne politique générale,
et en particulier une bonne politique financière. Il importe avant tout de donner aux
chefs d'industrie, aux patrons, la stabilité,
de leur assurer un lendemain, de ne pas
éveiller sans cesse leurs inquiétudes sur
le régime du travail, sur les conditions de
leurs industries ; il importe de ne pas les
accabler d'impôts, de ne pas les placer dans
des conditions où la concurrence les
écrase ; car il ne suffit pas que leurs intentions soient généreuses, il faut encore
qu'ils puissent s'imposer les sacrifices nécessaires pour les réaliser et continuer ces
sacrifices pendant des années, afin de produire un résultat utile. C'est déjà bien assez
qu'ils aient à lutter avec des crises économiques qui ne peuvent parfois être évitées,
qui sont une source de chômages désastreux et viennent paralyser leur bon vou-

loir. Et, d'autre part, il ne faut pas que le revenu des classes ouvrières se trouve diminué, d'une manière subreptice, par la multiplication des impôts indirects, par une fiscalité qui les atteint dans tous leurs besoins, à mesure que le fardeau du fonctionnarisme et du militarisme devient plus lourd. Les uns et les autres patissent des mêmes maux; leurs intérêts sont solidaires, car c'est une thèse où l'on se plaît à tort de les mettre sans cesse en opposition; le patron, comme représentant le capital, l'ouvrier comme représentant le travail; la plupart des patrons représentant le travail tout autant que l'ouvrier. Mais, sous quelque forme que l'État puisse être appelé à intervenir, il doit respecter encore un coup les deux grands ressorts de notre organisation sociale : l'initiative individuelle et le patronage volontaire. Comme j'ai cherché à le démontrer dans ce livre, rien n'est efficace,

rien n'est possible sans la coopération volontaire du patron. Les lois elles-mêmes
demeurent stériles sans ce concours. Tout
nous ramène donc à la pratique du devoir
social, et tout nous démontre que la source
du mal est dans la méconnaissance de ce
devoir.

Il y a deux grands remèdes à un tel oubli : l'éducation et l'exemple. Il faut que le
devoir soit connu, qu'on ait à la fois la volonté de le remplir et le sentiment de la
responsabilité qui y est attachée. Quelque
chose de plus est encore nécessaire : un
point d'appui pour permettre à la volonté
de triompher des influences, des passions,
des appétits qui l'égarent et d'accepter des
sacrifices nécessaires. Elle doit en effet
s'assujettir à la règle sans laquelle on ne
peut vivre en société, et cet assujettissement
implique la nécessité de subir des peines et
de renoncer à des jouissances dans l'intérêt

de la société. « Qu'est-ce en effet que régler la production et la distribution de la richesse sans régler au préalable l'esprit et le cœur de ceux qui ont à produire où à employer cette richesse [1]. » Or quel sera ce point d'appui ? Quel sera le mobile assez puissant pour provoquer ces sacrifices volontaires, pour justifier l'abandon d'une satisfaction immédiate, d'un intérêt personnel à l'intérêt général, en vue du devoir ? Sera-ce la morale laïque et indépendante ? « La morale laïque, a dit un économiste qui n'est pas suspect de partialité au point de vue religieux, n'a jusqu'à présent rien ajouté à la morale religieuse et elle en a retranché la base. Cette morale qui commande à l'individu de sacrifier son intérêt particulier à l'intérêt général sans posséder d'autre sanction que la force publique et les pénalités temporelles, qui ne lui promet aucune

[1]. Littré.

compensation ultérieure pour les sacrifices
qu'elle lui impose et la résignation dont
elle lui fait une loi, qui laisse le mauvais
riche sans châtiment, l'infirme et le misé-
rable sans consolations et sans espérances,
est-elle vraiment digne de ce nom, et peut-
elle acquérir l'autorité nécessaire pour assurer l'observation de ses préceptes [1] ? »

L'expérience a répondu, et il serait facile d'invoquer, pour l'établir, des aveux
décisifs et des documents officiels. Rien
n'a remplacé la foi religieuse et la vertu
de l'Evangile. Un stupide aveuglement le
peut seul contester. Je ne sais quel anar-
chiste déclarait lui-même qu'il ne voyait
point d'argument, en dehors de ceux que
fournit l'Evangile, qui pût faire agréer à
quelqu'un « de souffrir dans l'intérêt de
son voisin, de pleurer pour qu'il s'amuse,
et de mourir de faim, afin qu'il dîne bien. »

1. Molinari, *La morale économique.*

Et qu'on ne se fasse pas d'illusion, si quelque chose nous sauve en ce moment de la tempête qui menace de nous engloutir, c'est ce qui survit encore de la foi antique dans le cœur des masses.

On s'est rassuré, en constatant que la journée si redoutable du 1er mai dernier n'avait pas justifié les alarmes qu'elle avait fait concevoir. Cette imprudente confiance pourrait être bientôt déçue.

La simultanéité de la protestation socialiste dans plus de deux cents villes ou centres industriels de divers pays, les grèves qui deviennent de plus en plus formidables, qui se généralisent et se prolongent, sont des faits étrangement significatifs.

La discipline avec laquelle le mot d'ordre donné a été suivi atteste à quel point l'entente est complète, et prouve que l'Internationale reconstituée est plus puissante que jamais, et possède tous ses moyens d'action.

Le jour où, sur un signe de leurs chefs, les masses qui ont aujourd'hui conscience de leurs forces s'ébranleront à la fois partout, où elles seront convaincues, comme on le leur enseigne sans cesse que « le pillage en grand est la première des réformes sociales, » sur quel appui compter t-on pour leur résister? Sur la force des armes? Mais que l'on songe donc qu'il suffit du manque de sang-froid d'un gouvernant, d'une hésitation d'une minute pour tout perdre. Et pendant combien de temps d'ailleurs se flatte-t-on de voir le soldat lui-même résister? Le rempart est décevant, et la menace est terrible. Il serait vain de compter uniquement, pour la conjurer, sur une législation internationale du travail, très difficile à établir et qui sera toujours dépourvue d'une sanction suffisante. En réalité, ni la force, ni la politique, ni la ruse, ni la

science, ni l'éloquence n'auront raison des
périls qui nous entourent et nous pressent;
la restauration, au milieu de nous, de l'esprit de justice et de dévouement, de la pratique du devoir social constituent notre
unique et suprême ressource. Nous péris-
sons faute de justice.

Que ceux qui peuvent faire prévaloir cet
esprit se hâtent; que les grands devoirs ne
soient plus désertés. Le riche comme le
prolétaire ne se sauvera qu'à ce prix, ou
bien tous deux disparaîtront ensemble au
fond du même abîme. Si humble que soit
son rôle, chacun de nous peut travailler à
l'avènement de cette ère de justice, s'atta-
cher à guérir une souffrance, à relever un
frère tombé, à apaiser des colères. Le dévouement véritable a un rayonnement
sans limites, et nul ne sait quelles âmes
inconnues il ira toucher. « Aucune force ne
se perd. Les forces d'âme, les forces de

lumière et d'amour ne peuvent pas plus se
perdre que ne se perdent à travers les corps
la chaleur et l'électricité. »

Il existe dans le monde une grande école
de justice, de dévouement, de devoir, et
de paix; qu'elle cesse d'être traitée en
ennemie, que l'on sache se servir de la
force morale immense dont seule elle dispose, et peut-être pourrons-nous entrer
dans ces siècles meilleurs que les chrétiens
espèrent et cherchent, où l'on aura triom-
phé du fatal empire de la haine, où l'on
connaîtra la joie sainte des réconciliations.

Le secours ne nous viendra que de ce
côté; car, selon ces expressives paroles sorties d'une bouche qui se croit révolutionnaire, ce n'est pas l'épée d'Alexandre qui
tranchera le nœud gordien du problème social; il ne sera dénoué que par la douce
main du Christ.

I

LA MISÈRE ET LA CHARITÉ A PARIS [1]

Le sujet que j'aborde, a provoqué bien des méditations. Ce redoutable problème de la misère, qui de nous ne l'a interrogé, qui n'en a scruté les causes, étudié les remèdes ? Loi mystérieuse de l'humanité qui pèse sur elle depuis les anciens âges, et nous la montre à la fois sous son aspect le plus hideux et sous son aspect le plus divin, oui, divin, puisqu'elle suscite la charité, cette fille du Ciel, comme l'appellent les poètes.

Hélas ! Messieurs, notre siècle, tout épris d'i-

[1]. Conférence faite à Paris, dans une réunion de la Société d'économie sociale, au mois de mars 1889.

dées généreuses, a eu beau se flatter d'inaugurer l'ère de la félicité universelle, le règne de la justice et de l'égalité pure ; il a eu beau répandre l'instruction dans le peuple, marcher de découvertes en découvertes, de progrès en progrès, dérober à la science ses secrets, s'assujettir les forces de la nature, triompher de la distance et du temps, il y a une conquête qu'il n'a pas faite : il n'a pas vaincu la misère ! Cette société au milieu de laquelle nous vivons, qui possède tous les genres de richesses, qui a connu les joies les plus raffinées qui furent jamais, elle souffre ! Et chose étrange, la misère d'âme lui arrache peut-être autant de plaintes que la misère physique !

Mais ce ne sont pas des considérations philosophiques que je suis venu développer ici, c'est une question de fait que je veux traiter. Je me place sur le terrain de l'observation, de l'expérience, suivant la méthode de la Société d'É-

conomie sociale et de son illustre fondateur,
Frédéric Le Play, dont je ne puis prononcer
le nom sans témoigner de la vénération dévouée et de la reconnaissance qu'il m'inspire.

J'ai à cœur de rechercher comment on pratique la charité à Paris. Qu'on la fasse largement, très largement, nul ne l'ignore ; mais
comment la fait-on ? Le résultat répond-il à
l'immensité de l'effort ? En un mot, sait-on mettre en action cette parole d'un homme dont on
doit toujours citer le nom, quand on parle
de charité à Paris, M. Benjamin Delessert :
« L'homme le plus bienfaisant n'est pas celui
qui donne le plus, mais celui qui donne le
mieux. »

Lorsqu'on étudie l'état de la misère à Paris
et les efforts que tentent l'assistance publique
et la charité privée pour la soulager et en
combattre les progrès, on est frappé de trois
grands faits :

1° L'accroissement constant des dépenses de l'administration de l'Assistance publique ;

2° La diffusion de plus en plus grande des œuvres charitables dues à l'initiative privée :

3° Le nombre extraordinaire des infortunes qui, sous toutes les formes, sollicitent des secours.

Le budget de l'Assistance publique était, en 1870, de 27.000.000 ; les prévisions de dépenses, pour l'année 1889, dépassent 41.000.000.

Pendant que les ressources consacrées par la charité officielle au soulagement des pauvres se développaient dans cette proportion, l'initiative individuelle créait des miracles de générosité. Ces miracles, M. Maxime du Camp les a fait connaître dans des récits d'une poignante éloquence qui sont dans toutes les mémoires. Notre temps a été le témoin d'un véritable épanouissement de la charité, et l'on n'a point à craindre de céder à un sentiment exagéré d'amour-propre national, en constatant qu'aucune ville du monde ne saurait, à ce point de vue, rivaliser avec la ville de Paris.

Depuis quinze ans seulement, que d'œuvres nouvelles fondées ! Que d'œuvres anciennes transformées, agrandies ! Que d'ingénieuses entreprises tentées, afin qu'il ne reste plus, ce semble, une infortune sans soulagement, une douleur sans remède : et de toutes parts que de mains secourables tendues aux malheureux !

La création des maisons d'hospitalité est venue combler une lacune regrettable qui existait à Paris [1], tandis que d'autres villes de France, Marseille notamment, étaient déjà dotées de cette institution. C'est aujourd'hui une œuvre considérable que plusieurs associations ont établie, les unes offrant l'hospitalité de nuit pour un court délai, les autres offrant une

1. Le nom de M. le baron de Livois est désormais inséparable de cette création.

hospitalité prolongée, moyennant un travail quotidien, et s'attachant à ce qu'aucun de leurs pensionnaires ne se trouve sans emploi à la sortie de l'asile [1]. L'une des plus belles fondations de ces dernières années, l'institut des petites sœurs gardes-malades des pauvres qui vont soigner gratuitement, à domicile, la femme de l'ouvrier malade, s'occuper de ses enfants, faire son ménage, a pris une telle extension que, après avoir compté une douzaine de sœurs, il y a dix ans, elle en compte par centaines aujourd'hui.

Les crèches, les orphelinats, les asiles ouverts à l'enfance abandonnée, les écoles d'apprentis, les cercles d'ouvriers, les maisons de retraite pour les vieillards, les œuvres pour les malades, les dispensaires gratuits, les patronages, les refuges pour les libérés repentants et pour les pauvres victimes du vice,

1. Voir note A. *Appendice.*

n'ont cessé de se multiplier. La Société de
Saint-Vincent-de-Paul a pris un développement
considérable. Enfin, sous l'inspiration du sentiment chrétien, trois nouveaux hôpitaux viennent d'être fondés dans Paris par l'initiative
individuelle.

Que si, maintenant, après avoir tracé ce tableau, je constate qu'en ce moment les pauvres
nous assiègent et que, chaque jour, le cœur de
ceux qui ont quelque pitié se serre, en se re-
connaissant impuissants à soulager les misères
dont le spectacle s'offre à eux de toutes parts,
je me bornerai à affirmer un fait dont chacun
de nous renouvelle incessamment l'expérience.

Et je ne parle pas ici de ces hordes de mendiants qui rendent difficile l'accès de tous les
lieux publics, des églises, des chapelles notamment, de ces pauvres qui se prétendent
des pauvres honteux et qui nous harcèlent
dans les rues, le soir, et même à toute heure,

en plein jour : ouvriers sans travail, mourant de faim, à les en croire, convalescents qui sortent des hôpitaux, femmes ou filles abandonnées.

Je parle de ces demandes innombrables de gens sans place, d'orphelins délaissés, de vieillards sans ressources, de malades qui attendent leur admission dans des hôpitaux trop pleins pour les recevoir, d'infirmes qui ne sont pas assez malades pour être hospitalisés, et trop pour pouvoir travailler, de femmes chargées de famille ou de jeunes filles qui gagnent un salaire insuffisant pour vivre et ne veulent pas, disent-elles, devoir au vice leur gagne-pain. Chacun est débordé par ces appels réitérés, ces lettres et ces quêtes à domicile.

Je connais, pour ne citer que ce trait, une œuvre d'orphelins qui, si elle avait la possibilité de les recevoir, pourrait admettre en moyenne trois enfants par jour, en plus de ceux qu'elle recueille.

De ces faits, découlent logiquement deux conclusions qui peuvent être également justes et entre .lesquelles il faut choisir. Ou bien toutes ces ressources réunies, accumulées par la charité officielle ou privée pour venir en aide aux malheureux sont insuffisantes, ce qui suppose que le progrès de la misère, à Paris, a été toujours croissant ; ou bien il y a un vice radical dans la répartition des secours, de mauvaises méthodes qui rendent possibles le gaspillage, le double emploi, et, par-dessus tout, l'imposture des faux pauvres, lesquels usurpent les aumônes destinées aux vrais malheureux.

Est-ce la première de ces deux hypothèses qui est fondée ? La misère a-t-elle réellement grandi, dans une mesure qui est hors de proportion avec les ressources consacrées à la diminuer, sinon à l'éteindre ? Il est très difficile, je dois le dire, d'arriver à faire une statistique tant soit peu exacte de la misère à Paris. Nous sommes cependant dans le siècle de la statistique, et il n'est guère de problème sur lequel ses renseignements auraient autant de prix et d'importance pratique. Or, on peut affirmer que la statistique de la misère à Paris est encore à faire.

Parmi les tentatives les plus récentes pour l'établir, je citerai celle de M. le comte d'Haussonville, dans ses belles études. L'Assistance publique lui a fourni ses données, elle lui a indiqué le nombre des indigents inscrits aux bureaux de bienfaisance, depuis un certain nombre d'années, le chiffre des pauvres qualifiés de nécessiteux, des admissions dans les hospices. M. d'Haussonville a pu se faire quelque idée de la misère *secourue*. Il a dû reconnaître bientôt combien les chiffres de l'Assistance publique sont insuffisants pour mesurer l'étendue *réelle* de la misère. On sait qu'une

foule de malheureux, jusqu'à ces derniers
temps, ne réunissaient pas les conditions exi-
gées pour être admis au secours.

La comparaison entre des époques différentes est donc malaisée à faire, elle est plus
difficile encore à établir entre les diverses ca-
pitales de l'Europe. Tout au plus peut-on,
comme j'ai essayé de le faire, recueillir un
certain nombre d'observations prises à des
points de vues divers, qui, réunies, fournissent quelques lumières sur les progrès ou sur
la diminution de la misère à Paris.

Mais encore faudrait-il bien s'entendre sur
le point où commence la misère, question très
complexe qui varie non seulement de ville à
ville, mais dans le même milieu.

En Allemagne, par exemple, à Elberfeld,
importante cité manufacturière dont je par-
lerai plus loin, à cause de son organisation charitable, on indique comme le point au-dessous

duquel commence la misère, les chiffres suivants de revenu par semaine (les marks sont convertis en francs). Pour un chef de famille ou une personne seule, 3 fr. 75. — Pour la femme vivant avec son mari, 2 fr. 50. — Pour un enfant de 15 ans et au-dessous, 2 fr. 50. — Pour un enfant de 10 ans à 15 ans, 2 fr. 25. — Pour un enfant de 5 à 10 ans, 1 fr. 62.

Est-ce tenir compte suffisamment de la différence du coût de la vie en Allemagne et en France que de majorer ces chiffres d'un quart.

M. d'Haussonville, dans ses calculs, estime que, en tenant compte des différences de sexe, d'âge, de tempérament, la somme annuelle nécessaire pour vivre à Paris, à l'abri du besoin, varie de 850 à 1.200 fr. ; ce qui suppose un salaire variant de 2 fr. 75 à 4 fr. par jour. Au-dessous de 2 fr. 75 ce serait la misère ; au-dessus la vie assurée, bien entendu pour un individu isolé ; pour un ménage, la dépense devrait être augmentée de moitié, et ensuite d'un tiers par tête d'enfant.

Au cours d'une remarquable étude sur *l'Etat moderne et ses fonctions*, M. Paul Leroy-Beaulieu exprimait, hier à peine, cette conviction que, bien loin que le nombre des pauvres ait augmenté dans les sociétés civilisées — et l'auteur vise manifestement la ville de Paris, — toutes les recherches exactes démontrent qu'il a diminué et il ajoute qu'il est vraisemblable que si l'État ne contribue pas à l'entretenir par une intervention maladroite, ce nombre se réduira encore. Je ne serai peut-être pas, je l'avoue, aussi affirmatif que M. Leroy-Beaulieu, en ce qui touche du moins la ville de Paris. Mes observations personnelles me portent à croire que, en tenant compte de l'accroissement de la population, le nombre des pauvres, depuis 15 ou 20 ans, s'il n'a pas

augmenté dans des proportions qui font contraste avec la générosité publique, a peu diminué et peut-être point du tout. M. d'Haussonville penche vers cette conclusion. M. Maxime
du Camp, dans son livre sur *Paris et ses organes*, écrit en 1884, considérait déjà que la portion de la population parisienne qui est dans
un état précaire s'était peu modifiée.

Que nous apprennent les documents officiels les plus récents publiés par la ville de
Paris ? Si nous consultons les registres de
l'Assistance publique nous constatons que le
nombre des indigents inscrits, en l'année 1861,
s'élevait à 90.287 ; — en 1886, ce nombre
est de 133.649. En tenant compte de l'augmentation de la population, pendant la même
période, on trouve que le rapport de la population indigente à la population totale n'a varié
de 1861 à 1886 que de 5,32 à 5,91 0/0. C'est
l'indication d'un état stationnaire. Il convient

de faire remarquer toutefois que l'Assistance publique, en opérant tous les trois ans le recensement des indigents inscrits sur ses registres, en profite pour réduire le personnel indigent qu'elle doit secourir et pour le mettre en rapport avec ses ressources.

Ainsi, le 30 mai 1886, époque du dernier recensement, le nombre des ménages inscrits était de 74.735, comprenant 145.177 personnes. Or, ce chiffre fut ramené à 54.600 ménages et 133.647 personnes, soit une diminution de 3.734 ménages et 11.528 personnes ou de 8 0/0, par le seul fait des radiations opérées. Il ne faut pas oublier que la place d'indigent est très recherchée et que s'il y a beaucoup d'appelés, il y a peu d'élus.

Quelquefois ces recensements sont accompagnés d'une enquête dont les résultats sont publiés. La dernière a donné lieu à d'intéressants calculs que M. le docteur Bertillon a consignés dans l'Annuaire statistique de la ville de Paris pour 1884.

Les points de repère ou « index numbers », comme disent les Anglais, auxquels on peut recourir pour apprécier les variations de la misère et les progrès de l'aisance générale, sont le nombre porportionnel des habitants qui sont servis par des domestiques, celui des ouvriers, le prix des logements, le nombre des contrats de mariage, les classes d'enterrement et d'inhumation et enfin la consommation de la viande à l'intérieur [1].

Sur 100 indigents il n'y en a plus que 15 aujourd'hui qui payent moins de 100 francs de loyer. La grande majorité paye une somme qui varie de 100 francs à 200 francs et 20 0/0 paye davantage. Cela indique surtout, malheureusement, pour les pauvres, l'élévation du taux des loyers. En 1861, sur 36.713 ména-

1. Voir note B. *Appendice.*

ges inscrits, 12.120 payaient un loyer *infé-
rieur* à 100 francs.

Le nombre des domestiques et celui des ouvriers ont été calculés trop récemment pour
qu'il y ait un écart sensible entre leurs chiffres.

Les contrats de mariage présentent une
courbe décroissante. En 1880, sur 1.000 mariages contractés, 180 avaient donné lieu à des
contrats : en 1884, on n'en trouve plus que 163,
c'est-à-dire 16 0/0 ; mais, en 1886, le chiffre se
relève et atteint 167. Cette statistique est invo-
quée comme un argument parce que le contrat
indique, chez les fiancés, un certain apport
dans la communauté. Le contraire, je le reconnais, n'implique pas la misère. Un ménage
d'employés peut gagner des appointements de
quelque importance, sans qu'il y ait aucun
apport.

Quant aux services funèbres qui sont divisés
en 9 classes variant de 8.000 francs à 19 francs,

plus un service ordinaire qui ne coûte rien
et a été confondu, en fait, avec la 9° classe, la
statistique municipale nous apprend qu'il y a
aujourd'hui, à Paris, 544 enterrements de
9° classe sur 1.000 décès. En 1872, le nombre des enterrements gratuits était de 580 pour
1.000. Depuis 15 à 18 ans, il n'y a donc pas
eu de différence sensible. Il n'est pas sans
intérêt de remarquer, en passant, que plus de
la moitié de la population parisienne est portée en terre dans le char de 9° classe.

Enfin la consommation de la viande qui a
beaucoup augmenté à Paris, pourrait être
l'indice d'un accroissement d'aisance, si la va-
riation des tarifs de l'octroi, d'un laps de temps
à l'autre, ne mettait obstacle aux comparaisons.

Malgré ces difficultés, on n'admettra pas,
j'en suis convaincu, qu'il soit impossible à la
Ville ou à l'Assistance, moyennant une enquête
attentive, bien dirigée et faite avec suite, de

dresser l'état chronologique du paupérisme à
Paris, de savoir s'il augmente ou diminue et
quelles sont les influences qu'il subit. A elles
seules, les observations journalières des se-
crétaires de bureaux de bienfaisance, dans
chaque arrondissement, fourniraient un élément très utile à cette enquête.

Quoi qu'il en soit, constater, en présence de
l'immensité de l'effort tenté, que la proportion
du paupérisme avec la population est restée la
même, n'est-ce pas un fait infiniment attris-
tant? Et ne sommes-nous pas conduits, dès
lors, à faire le procès aux méthodes qui président à la distribution des secours? Est-il permis de s'étonner que, dans l'esprit de beaucoup de ceux dont la charité est aux prises
avec ces sollicitations, avec cette obsession de
tous les instants, la question se pose de savoir
s'ils ne sont pas les dupes et les victimes
d'une vaste exploitation?

La réponse ne serait point douteuse si l'on s'en tenait aux affirmations d'un écrivain distingué, qui exposait tout récemment et avec quelque retentissement, dans l'un des plus importants journaux de la capitale, le résultat de ses observations sur la misère et décrivait le *Paris qui mendie* [1].

Dix-neuf fois sur vingt, au dire de cet écrivain, les malheureux qui implorent votre charité d'une voix suppliante ne mériteraient ni pitié, ni assistance, et ne seraient que des industriels qui exercent une profession, et une profession souvent lucrative.

Comme toutes les professions aujourd'hui, la mendicité aurait fait des progrès, et de même qu'il existe des écoles d'apprentissage et de perfectionnement pour chaque branche d'industrie, il y a des écoles d'apprentissage et de perfectionnement pour ceux qui veulent

1. Hugues le Roux.

faire leur carrière dans la mendicité, et le
métier deviendrait de jour en jour meilleur.

Les efforts de la police pour réprimer la
mendicité seraient vains. Les trois quarts des
mendiants arrêtés seraient remis en liberté,
soit directement par le parquet, soit par les
tribunaux ; en sorte que dans cette lutte entre
l'administration et les mendiants, ces derniers
auraient le dessus et les agents seraient dé-
couragés.

M. Maxime du Camp avait déjà insisté, en
des pages saisissantes de couleur et de pitto-
resque, sur cette plaie de l'imposture. Il l'avait
montrée sous des formes très diverses dans ses
deux ouvrages, *Paris et ses organes*, et *Paris
bienfaisant*.

L'étude récente à laquelle je fais allusion
nous initie à de nouveaux détails sur l'existence et les mœurs de cette catégorie de la
population ; elle suit le mendiant dans toutes

4

ses métamorphoses : l'apprenti devenant compagnon, puis faisant son choix, selon ses aptitudes, entre le service actif et le service sédentaire, c'est-à-dire devenant mendiant ambulant, ou mendiant résidant à poste fixe.

Elles sont infinies les variétés de ces industries qui consistent à vivre à nos dépens, et rien n'est curieux, en particulier, comme l'analyse du budget du mendiant, dit retraité, de ce mendiant qui vit de recettes auxquelles tout le monde contribue, excepté lui dont le seul rôle est de les dépenser, qui recevra dans sa journée plus de dix ou douze visites de personnes charitables ou déléguées de sociétés philanthropiques, lesquelles arrivent toutes les mains pleines. Le bureau de bienfaisance fournit le pain, le curé ou le pasteur donnent le pot-au-feu, la caisse des écoles habille les enfants, le vestiaire approvisionne le ménage de linge, la société des loyers paye le terme,

les bonnes sœurs se chargent des petites dou-
ceurs ; les familles riches du quartier, les journaux, les organisateurs de fêtes de charité, le
maire, le préfet, le ministre de l'intérieur,
donnent l'argent de poche.

L'art de tirer parti des infirmités, les habi-
letés du pauvre paralytique, du pauvre épilep-
tique, de la femme aveugle et estropiée qui
sert de boîte aux lettres aux amoureux, en un
mot les roueries innombrables des mendiants
pour exploiter les ressources de la charité parisienne et devenir capitalistes, sans travailler
et sans enfreindre le Code pénal, fournissent
autant de chapitres d'un piquant intérêt.

Toutes ces infamies existent, conclut l'auteur,
tous ces métiers prospèrent. Pourquoi ? Parce
que, à Paris, le mendiant est heureux, parce
qu'il vit à l'aise, lorsqu'il ne fait pas fortune.

Et, faut-il le dire, un fait cité par M. le directeur de l'Assistance au ministère de l'intérieur, dans une séance d'ouverture du conseil supérieur, a paru — je dis : a paru, — donner raison dans une certaine mesure au scepticisme de ce physiologiste de la misère parisienne. M. Monod racontait, en effet, qu'un homme de bien qui avait pris ses mesures pour assurer du travail à tous les mendiants valides venant à se présenter à lui, avait constaté que sur 727 mendiants valides qui se lamentaient de n'avoir pas d'ouvrage, et auxquels il en avait procuré, 18 seulement étaient revenus travailler après la troisième journée, en sorte que sur 40, on n'en rencontrait qu'un qui fût sérieusement disposé à travailler moyennant un bon salaire.

J'ai hâte de dire que le tableau du *Paris qui mendie*, fort spirituellement présenté par l'écrivain du *Temps*, ne saurait être pris au pied de la lettre. Il peut avoir l'avantage de rendre

plus circonspectes certaines âmes charitables,
dont la crédulité trop facile encourage l'imposture ; il serait infiniment regrettable que ces
peintures, où l'imagination et la généralisation
tiennent une grande place, vinssent refroidir
l'élan de la charité.

Je n'ose m'en rapporter à ma propre expérience, mais je fais appel à tous ceux qui ont
l'habitude de visiter les pauvres dans Paris, et
je leur demande si, presque toujours, ils n'ont
pas constaté, et dûment constaté que la réalité,
en fait de misère, dépasse tout ce que l'on
pouvait supposer. Pour moi, je n'ai pas encore
fait connaissance avec le mendiant dit retraité,
auquel tout le monde contribue à faire des rentes et qui vit comme un seigneur. Si j'avais besoin de démontrer combien sont réelles et
nombreuses les souffrances à Paris, je n'aurais
qu'à attirer l'attention un instant sur l'état des
logements où se réfugient les pauvres et

dire qu'il y a 27.835 logements habités par des indigents, soit 57 0/0, qui ne se composent que d'une seule pièce, que des ménages indigents, dans une proportion de 5 0/0, ne respirent que par une tabatière ; qu'il y a 3.192 logements, soit 7 0/0, qui ne prennent jour que sur un palier ou un corridor. A dire vrai, je ne connais guère dans la capitale d'indigents qui jouissent de l'air et de la lumière, hors les 659 ménages recueillis et soignés par les Petites sœurs des pauvres.

Il n'en est pas moins vrai que l'exploitation existe, et sur une grande échelle, et que l'on n'a pas su se défendre contre de tels abus. Je traiterai plus loin cette question du contrôle, sans lequel l'aumône est distribuée à l'aveugle, question qu'un généreux et sagace ami des pauvres s'est efforcé de résoudre, depuis quelques années, à Paris, mais dans une mesure forcément restreinte.

Je recherche en ce moment les causes générales qui expliquent comment la charité officielle et la charité privée sont arrivées, en dépit
de tant de ressources, à soulager la misère
d'une manière si insuffisante.

Sans vouloir méconnaître le rôle de l'administration de l'Assistance publique et sans être
injuste envers elle, il est permis de dire
qu'elle est loin de réaliser, avec ses 42 millions,
le bien qu'elle devrait produire, et que son
organisation présente des lacunes incontesta-
bles. Je ne méconnais pas la portée de certaines améliorations récentes. On a modifié, il
est vrai, ces inscriptions permanentes aux bureaux de bienfaisance avec leurs secours déri-
soires, distribués sans profit réel pour les indigents. On a organisé à Bicêtre une œuvre
d'enfants idiots. Mais sans parler de la laïcisa-
tion et de ses résultats désastreux à tous les
points de vue, que de misères restées sans

soulagement, que d'obstacles avant de pouvoir obtenir un subside, que de règlements destinés à écarter les catégories de nécessiteux et à les priver même d'une parcimonieuse assistance !

Les pauvres petits infirmes qu'abrite la maison des frères de Saint-Jean-de-Dieu ne verraient point s'ouvrir les portes des hospices avant leur vingtième année ; les orphelins, les délaissés, ne reçoivent habituellement que des sommes insuffisantes, ou sont embrigadés dans le service des enfants abandonnés.

L'Assistance, avec ses formules étroites, sa bureaucratie, enchaînant les bonnes volontés, subordonnant tout à des règlements inflexibles, n'arrive pas à relever le nécessiteux valide tombé dans la misère, à le mettre à même de se passer d'aide, but final que doit se proposer toute assistance raisonnée. Cette administration si vaste ne peut presque rien pour l'en-

fance. Ses asiles de vieillesse engloutissent en
constructions fastueuses, en personnel superflu, des millions qui assureraient un refuge à
des centaines de malheureux, le travail y est
mal organisé, et il semble que certain corps
élu prenne plaisir à désorganiser ces grandes
agglomérations, en y énervant toute discipline.

Je ne sais si ce qu'a écrit un inspecteur général des établissements de bienfaisance, M. le
baron de Watteville, dans un rapport souvent
cité sur la situation du paupérisme en France,
est vrai ; mais il est frappant de trouver sous
la plume d'un haut fonctionnaire de l'Assistance cette constatation que « depuis soixante
ans que l'administration de l'Assistance publique à domicile exerce son initiative, on n'a
jamais vu un indigent retiré de la misère et
pouvant subvenir à ses besoins par les moyens
et à l'aide de ce mode de charité, et que, au

contraire, elle constitue souvent le paupérisme
à l'état héréditaire ».

Mais si l'Assistance publique est insuffisante
et laisse à désirer par bien des côtés, les œuvres charitables · privées donnent lieu à des
critiques fondées.

D'abord, elles sont isolées les unes des autres, sans cohésion ; elles ne peuvent assez ni
s'entr'aider, ni donner la mesure exacte de
leurs moyens. Il semble qu'une muraille de la
Chine les sépare et que chacune d'elles doive
ignorer à qui profitent les secours donnés hors
de son cercle d'action. Rien de plus fréquent,
dès lors, que les doubles emplois ; rien de plus
encourageant pour les industries de la fausse
indigence. Cet isolement augmente, en outre,
dans une proportion considérable, les frais généraux des œuvres et diminue les ressources
qui peuvent être directement employées au
soulagement des malheureux.

D'un autre côté, pour quelques œuvres dont le nom est dans toutes les bouches, la plupart sont inconnues de ceux même qui font le bien et qui pourraient y recourir.

Là, il y a cent demandes d'admission pour dix places vacantes ; ailleurs, un établissement peu connu végète, meurt, faute de trouver les ressources nécessaires pour subsister. Que l'on en juge par ce qui se passe pour les orphelinats auxquels on a si souvent besoin de recourir. Où existe-t-il des renseignements précis sur ces établissements, sur les conditions d'admission, etc. ? Il y a des manuels, dira-t-on, qui renferment la nomenclature et l'adresse de toutes les œuvres et où se trouvent ces indications. Sans doute. Mais entre les mains de combien de personnes se trouvent-ils ces manuels ? Ne sont-ils pas, d'ailleurs, tout à fait insuffisants dans leurs indications et nécessairement et bien vite incomplets, les institutions se transformant et rien n'indiquant les modifications survenues ?

Aussi qu'arrive-t-il ? Un malheur imprévu frappe une famille d'ouvrier, d'artisan, de concierge, de petit employé ; une femme meurt laissant deux, trois, quatre enfants : le mari, obligé de travailler tout le jour pour vivre, ne peut les élever ; des voisins généreux ouvrent leur bourse et se déclarent prêts à assurer l'avenir d'un ou deux enfants. Vite, on se demande à quelle porte frapper. On s'informe. Le hasard indique un orphelinat. On s'y rend. Il n'y a pas de place, ou le prix de la pension est trop élevé. On en cherche un autre. On ne le découvre pas tout de suite. Le temps s'écoule ; l'élan généreux se ralentit. Les donateurs s'étonnent qu'un si long retard soit nécessaire pour accepter une liberalité : le bon vouloir devient mécontentement, et voilà peut-être la destinée d'un pauvre petit être qui était assurée et qui

est à jamais compromise. Peu de personnes
soupçonnent l'étendue des ressources qu'offrirait la charité à Paris, si l'on était à même d'en
tirer profit opportunément, bien peu savent
combien sont nombreuses, variées, les œuvres
destinées à l'enfance ; crèches, orphelinats dans
les conditions les plus diverses, œuvres d'adoption, de pupilles, d'apprentis, œuvres pour le
rapatriement d'orphelins délaissés, pour les
jeunes filles sans place, les femmes abandonnées, les mères de famille indigentes, les pauvres honteux ; œuvres de toute nature en faveur
des malades, pour les faire visiter à domicile
ou dans les hôpitaux : sociétés de secours pour
les mutilés pauvres, pour l'admission à bon
marché dans des maisons de santé, pour les
convalescents; asiles spéciaux pour les épilep-
tiques, les incurables, les vieillards ; sociétés
de patronage pour les prisonniers libérés;
institutions de prévoyance de tout genre,

banques populaires, caisse des loyers, etc.

Pour que ces œuvres fussent connues de la masse du public, pour que l'on sût où et comment s'adresser, pour qu'on pût le faire rapidement, une organisation rationnelle de la charité libre était indispensable. Elle n'a même pas été tentée. Il n'y a eu place jusqu'ici que pour l'inflexible réglementation de l'assistance publique ou pour les élans confus et le particularisme extrême de l'assistance privée.

Il est vrai de dire que, dans ce domaine de la charité comme dans tous les autres, nous avons accompli en France, à un moment donné, de ces changements brusques et radicaux, bien faits pour déconcerter les inspirations et l'action de la charité. On a vu disparaître tout à coup une vieille organisation, qui pouvait avoir ses vices, qui n'avait pas d'unité, pas d'idées générales, mais qui était le résultat d'efforts et d'institutions séculaires, qui avait sa raison d'être dans les besoins et les traditions, dont les centres naturels étaient répandus sur tous les points du pays, et permettaient de pratiquer l'assistance dans un rayon assez restreint pour le faire en connaissance de cause. Il est sorti de cette transformation un état de choses nouveau, un peu artificiel au début.

L'État moderne, obéissant à ses tendances, s'est substitué un peu partout aux institutions indépendantes, autonomes, spontanées, et il s'est notamment emparé du domaine de l'assistance, croyant, selon une juste remarque, que rien ne peut résister au double pouvoir dont il dispose : la contrainte légale et la contrainte fiscale.

A côté de l'assistance administrative, les œuvres privées se sont fondées et développées sans concert, un peu au hasard, le plus souvent sous l'inspiration de la foi religieuse, quelquefois sous l'inspiration de la vanité ; l'effort n'a pas toujours été porté du côté où le besoin était le plus pressant, ni dirigé par un esprit de discernement qui eût été très nécessaire.

Nous aurions pu tout au moins nous informer de ce que faisaient les nations voisines pour rendre efficace l'effort de la charité et bénéficier de leur expérience. Mais, il y a long-temps qu'on l'a dit, nous ne savons pas regarder au delà de nos frontières. Quand parfois cela nous arrive, nous sommes tout surpris de découvrir les applications multiples et fécondes de mesures, de progrès dont nous avions eu l'initiative, et que nous avons négligé de poursuivre.

Au point de vue de l'organisation de la charité, il s'est accompli à l'étranger des progrès considérables, surtout depuis le Congrès de Bienfaisance tenu à Londres, en 1862, congrès qui a eu un véritable retentissement, et où la France a été brillamment représentée par MM. de Melun et Augustin Cochin.

Mon dessein n'est pas d'entrer dans l'examen approfondi des divers systèmes pratiqués chez les autres nations et des améliorations qu'ils ont reçues. Je voudrais me borner à signaler, parce que cela rentre dans l'exposé de la thèse que je soutiens, deux types d'organisation de charité tout à fait différents; je veux parler des méthodes qui ont prévalu en Allemagne et aux États-Unis, et qui ont été mises en pratique d'une manière remarquable dans deux villes importantes de ces pays : Elberfeld et New-York. Si j'ai choisi la ville d'Elberfeld, c'est qu'elle donne une idée de l'organisation de la charité en Allemagne et que c'est un centre industriel considérable qui a plus de cent mille habitants, et une population ouvrière énorme; elle nous offre le spectacle de la plupart des vicissitudes du combat engagé contre le paupérisme moderne. Ce n'est pas que l'organisation de la charité dans ces grandes cités n'offre point d'analogies, dans son fonctionnement pratique, avec l'organisation de l'Assistance publique ou même de la société de Saint-Vincent-de-Paul chez nous ; mais elles sont caractérisées par des points de départ, par des idées générales et par un esprit si absolument différents, qu'il n'est pas sans intérêt de les mettre en lumière.

Deux principes, on le sait, dominent en Allemagne toute l'organisation de l'Assistance.

1° A l'Etat incombe (c'est le texte même d'une disposition de l'Allgemeines Landrecht de Prusse), la tâche de pourvoir à la nourriture et à l'assistance de tout citoyen qui ne peut se suffire à lui-même, si d'autres particuliers ne se trouvent pas légalement obligés à son entretien ; 2° à l'Etat appartient la surveillance de l'indigent, et la faculté de déléguer ses devoirs et ses pouvoirs à des autorités locales. C'est le principe de l'Assistance obligatoire.

En vertu de ce principe, toutes les œuvres d'assistance : hôpitaux, secours à domicile, sont concentrées à Elberfeld entre les mains d'un Bureau central, nommé par le conseil municipal et placé sous sa dépendance. C'est une autorité de contrôle et de direction. Au-dessous d'elle se trouve la section qui est une autorité de décision et se compose de visiteurs des pauvres, agents d'enquête, de surveillance et de distribution. La ville est partagée en un certain nombre de sections qui comprennent chacune quatre quartiers.

Les visiteurs des pauvres sont choisis par le conseil municipal pour trois ans et renouvelés par tiers[1]. Ces fonctions sont obligatoires et gratuites. On est visiteur des pauvres comme on est juré chez nous. Chaque visiteur a un

1. Voir note C. *Appendice.*

quartier, c'est-à-dire deux ou trois familles.

Leur nombre est aujourd'hui de 364.

Les secours sont délivrés par le bureau central après enquête et sur la proposition de la section. Le visiteur doit chercher du travail à l'indigent : le but est la dation du travail, et si le travail est interrompu par quelque crise imprévue, la ville y doit pourvoir par des travaux extraordinaires.

C'est un service public dont le fonctionnement est assuré et garanti au moyen de l'impôt, et cet impôt lui-même est établi par la ville sur le chiffre des ressources annuellement nécessaires pour faire face aux besoins de l'assistance, après constatation de chiffre par le Comité central.

Fondé sur la centralisation de toutes les ressources entre les mains de l'administration, sur une enquête permanente ouverte sur la misère, sur le contrôle sans cesse renou-

velé de la situation de chaque pauvre, ce régime aurait donné des résultats satisfaisants,
puisqu'il aurait réduit d'une façon constante,
si l'on en croit les documents qui ont été publiés, la proportion des indigents dans la ville
d'Elberfeld, et que le chiffre des personnes
secourues, qui était en 1855 de 57,5 par mille,
n'était plus en 1883 que de 22,6.

Il donne lieu toutefois à deux remarques
importantes. La première, c'est que la mesure adoptée en 1843, du recouvrement par
voie d'impôt de la somme nécessaire à l'Assistance publique, a eu pour conséquence
immédiate une recrudescence du paupérisme,
la diminution qui s'est produite n'étant venue
que plus tard après un changement que je
vais indiquer ; la seconde remarque, c'est que
les promoteurs eux-mêmes de l'assistance
officielle ont reconnu en 1880 que cette organisation était insuffisante et qu'elle avait be-

soin du concours du dévouement volontaire pour être complète et efficace. L'Assistance publique a donc provoqué elle-même la fondation de l'Association libre des femmes d'Elberfeld, laquelle a créé depuis son existence un grand nombre d'œuvres utiles, et sert de trait d'union entre l'assistance administrative et les diverses associations de bienfaisance privées et notamment avec l'assistance donnée par les diverses confessions religieuses. L'Assistance publique n'avait aucun lien avec elles avant 1880 ; elle excluait même les pauvres assistés par ces confessions de tout droit au secours de la ville, et s'était emparée de tous les biens dont les églises consacraient le revenu aux pauvres. Elle leur avait déjà rendu ces biens en 1854, mais l'établissement de l'Association libre des femmes d'Elberfeld a inauguré tout un nouvel état de choses.

Entre ces procédés et l'organisation de la

charité qui fonctionne à New-York et dans les
villes des États-Unis, le contraste est frappant.
Ici tout s'accorde avec la forme décentralisée
et très démocratique du gouvernement.

Depuis 50 ans, dans chacune des grandes
cités américaines, il se manifestait une tendance à multiplier et à doter les institutions
charitables. Des œuvres nombreuses se for-
mèrent, distinctes, sans communication entre
elles : toutes les communions religieuses en
établirent. La plupart obtinrent le bénéfice de
l'existence légale, l'incorporation étant confé-
rée, sur leur demande, à presque toutes les
sociétés s'occupant des pauvres, lesquelles se
trouvaient ainsi à même de recevoir de toutes
parts des libéralités testamentaires.

Au milieu de tant de sociétés indépendantes, discordantes, parfois rivales, la confu-
sion, la mauvaise distribution des secours
étaient fréquentes, et il en résultait pour les

faux indigents la possibilité de vivre au détriment de ces œuvres. C'était, selon une expression qui eut cours à ce moment, le chaos de la charité. Il manquait une organisation de l'effort charitable, des méthodes plus sages présidant à la distribution des secours.

Faire appel pour y remédier aux autorités civiles, aux administrations municipales, à l'État, c'eût été évidemment aller à l'encontre de l'esprit des institutions américaines. On jugea qu'il fallait recourir à la coopération et à l'organisation volontaires des sociétés existantes. Dans la plupart des grandes villes une agence centrale fut établie, sorte de bureau pe contrôle des pauvres qui éclairait les associations charitables et permettait d'éviter le cumul des secours. On y examinait la moralité de ceux qui demandaient, en utilisant le concours d'agents visiteurs et de conseils de districts. Des archives étaient constituées.

La tentative faite à Londres en 1869 pour
donner à la charité une organisation nouvelle
a exercé beaucoup d'influence sur le mouvement qui s'est produit aux États-Unis. Les
instructions rédigées par la Société de bienfaisance de Londres furent partout répandues.
Le but poursuivi, c'était qu'il n'y eût plus
d'échappatoire pour l'imposture, plus de som-
bre recoin de misère, de maladie et de cor-
ruption qui ne fût visité, plus de plaie sociale
s'envenimant qui ne fût soignée par des mains
aimantes et habiles, plus de barrière d'ignorance ou d'apathie égoïste entre le riche et le
pauvre qui ne fût renversée, aucune différence de religion n'empêchant l'unité
d'action pour la cause commune de l'humanité.

La Société fondée à New-York prit de rapides développements, et c'est celle que je dé-
sire signaler ici, encore qu'il y en ait d'im-

portantes aussi à Buffalo, à New-Haven, à Philadelphie, à Baltimore.

La Société de New-York est une grande agence s'interposant pour obtenir des secours et qui a surtout pour but de coordonner et de rendre pratiques les efforts de la charité. Son but est d'amener les sociétés de bienfaisance à coopérer entre elles par un système d'enregistrement, pour empêcher les secours distribués sans discernement et en double, et pour garantir le corps social de l'imposture, de s'assurer de renseignements complets et d'une action appropriée à tous les cas, d'obtenir des associations de charité existantes, le secours précis dont on a besoin, afin qu'il n'y ait pas un cas de pauvreté qui ne soit convenablement secouru, exceptionnellement de donner des secours, quand on a besoin d'une aide immédiate, et que toutes les autres ressources manquent. Des visites bien organisées assurent l'exécution pratique de ce plan, elles ajoutent à l'aumône la sollicitude affectueuse qui parfois la remplace.

J'aurai achevé de caractériser son action, en disant qu'elle poursuit l'amélioration continue de la condition des pauvres, en s'efforçant de diminuer le vagabondage et le paupérisme et d'en déterminer les causes, de faire du travail la base des secours, de relever la vie de famille, l'hygiène et les mœurs des pauvres, d'empêcher par tous les moyens en son pouvoir les enfants de grandir comme des êtres voués au paupérisme, en poussant à l'épargne, au respect de soi-même et à une meilleure manière de vivre, en se vouant enfin à une étude approfondie des causes du paupérisme et des meilleures méthodes pour combattre l'indigence et la dégradation.

En ce qui touche spécialement l'épargne, l'office charitable a engendré des sociétés d'épargne, notamment à Newport et à Castleton,

qui, par l'organe des visiteurs, vont provoquer et recevoir à domicile le versement des
petites épargnes, engageant ainsi le pauvre à
s'aider lui-même. Une de ces sociétés d'épargne a fait en une année plus de huit mille visites à 500 familles diverses et a ramassé quatre mille dollars, et elle a constaté que les
pauvres étaient en général très reconnais-
sants envers ceux qui les poussent et les for-
cent ainsi amicalement à l'économie.

La Société de New-York, qui ne fonctionne
que depuis cinq ans, n'a pas cessé de grandir
dans la faveur populaire. A la fin de l'année
1886, 288 sociétés se servaient d'elle comme
de centre de communication, un nombre considérable de particuliers avaient recours à son
office pour se renseigner sur ceux à qui s'ap-
pliquent leurs aumônes. Le bureau d'enregistrement de la Société a reçu 137,938 rapports ; elle a donné des informations sur

88,333 familles qui comprennent 352,000 personnes. Sur 4,285 individus qu'elle a, d'une manière suivie, entrepris de faire sortir de la misère, près de 700 ont pu se suffire à eux-mêmes, quand on leur eut procuré du travail, 457 ont été envoyés chez des amis prêts à les soutenir ou dans des milieux où ils pouvaient trouver à s'employer.

L'examen des individus congédiés l'année précédente comme n'ayant plus besoin de secours prouve que très peu d'entre eux retombent dans l'indigence. Sur ces 4,280 pauvres, la proportion des individus indignes de secours n'a été que de 14 0/0.

« L'expérience a convaincu le conseil central, dit le dernier rapport de la Société d'organisation de New-York, que les charités publiques et privées de la ville sont amplement suffisantes, si elles sont bien systématisées et coordonnées, pour soulager convenablement tous ceux qui peuvent y avoir titre par suite d'abandon, d'accident ou de circonstances critiques, et que, par conséquent, il n'y a pas d'excuse à mendier dans la rue. »

Si j'ai cité l'organisation de la charité dans ces deux pays, est-ce avec la pensée que l'un ou l'autre de ces deux types soit fait pour prévaloir dans notre pays, et qu'il en faille souhaiter l'adoption ? Telle n'est pas ma pensée. J'ai voulu montrer avec quel zèle, quelle sollicitude, et aussi quel esprit pratique, on s'occupe à l'étranger de la solution de cette question capitale.

Chaque nation a ses traditions, son esprit, ses habitudes, ses besoins; elle doit compter avec ce que le temps et la coutume ont établi, et ni le régime de l'assistance sous la forme de service obligatoire, ni le régime de l'assistance libre substituée exclusivement à l'assistance publique ne nous conviennent. Chez

nous, ces grands facteurs interviennent tous
deux dans ce domaine et y ont chacun leur
rôle. Ce dont nous avons à nous préoccuper,
c'est de coordonner leur action et de faire
qu'ils se complètent l'un l'autre et arrivent à
combattre efficacement la misère.

Cette solution ne plaît point aux fanatiques
de progrès rapides et illimités, comme les ap-
pelle M. Leroy-Beaulieu ; l'action exclusive de
l'État, la contrainte légale, leur paraît être un
moyen plus expéditif d'atteindre le but proposé. Volontiers, ils feraient de l'État la nour-
rice, le maître d'école, le tuteur, le médecin,
l'aumônier de tout le monde. L'expérience
nous montre, chez nous du moins, le résultat
précaire de cette manière de résoudre les problèmes sociaux par l'intervention de forces générales, au lieu de la demander aux œuvres vivantes et partielles. Il nous faut autre chose
qu'un fonctionnaire public venant au nom de

l'État acquitter avec le produit de l'impôt une dette de l'État. Rien ne serait plus contraire à notre esprit spontané, généreux, chevaleresque, à nos qualités franç. ses et à l'intérêt même des pauvres.

La charité légale n'a pas supprimé le paupérisme en Angleterre ; elle l'a plutôt augmenté ; elle a éteint le sentiment de la prévoyance, de la responsabilité personnelle et de la dignité, étouffé les vertus de la famille dans toute une partie de la classe ouvrière britannique. Les socialistes nous disent : Vous parlez toujours de l'Angleterre de 1831. Les temps sont bien changés. L'Angleterre a vaincu le paupérisme, grâce à ses lois que vous critiquez sans les connaître ! Le revirement de l'opinion est complet. Je réponds : le mal causé par la loi des pauvres a été tel et si bien reconnu qu'en 1885 le Parlement a ordonné la réimpression de l'enquête de 1832, ainsi que le constate M. Georges Picot, dans un rapport du mois d'octobre dernier, présenté à l'académie des sciences morales et politiques sur l'assistance publique dans les campagnes, et cette enquête de 1832 est la condamnation la plus formelle de la charité légale.

Et, bien que l'Allemagne ait des mœurs différentes des nôtres et qu'elle se prête par nature à l'embrigadement, on a vu qu'à Elberfeld l'assistance officielle a reconnu la nécessité de recourir à l'initiative individuelle, au dévouement libre, sachant qu'elle demeure forcément stérile en bien des choses.

En France, ce sont les représentants euxmêmes de l'Assistance publique, nous l'avons vu, qui reconnaissent que, impuissante à extirper le paupérisme, elle en développerait plutôt les germes. L'intervention de l'État dans ce domaine, si elle a sa raison d'être, doit donc être maintenue dans de justes limites, et restreinte bien loin d'être étendue.

Pour organiser rationnellement et pratiquement, pour rendre efficace la double action qui existe chez nous, pour mettre les œuvres privées à même de donner toute leur mesure, que nous faudrait-il donc?

Une grande œuvre libre d'assistance, fondée par l'initiative privée, à côté de l'Assistance publique; une association puissante, n'ayant aucun caractère politique, mais un caractère purement bienfaisant, destinée à combler les lacunes de l'assistance officielle, vivant en bons rapports avec les administrations publiques, lien naturel entre les œuvres charitables et intermédiaire efficace entre elles, le public et l'État, un Bureau central qui n'accorderait pas lui-même de secours, mais qui ferait donner utilement et opportunément et saurait si le secours donné atteint son but.

Je l'ai dit : les œuvres existent chez nous,

elles se nomment Légion, elles couvrent Paris, la province ; mais elles sont isolées, et on ne sait comment s'adresser à elles. Le rôle de cet office central serait considérable.

Il ne saurait s'agir, bien entendu, de s'immiscer en aucune façon et sous aucun prétexte dans la vie intérieure des œuvres, ni de porter la moindre atteinte à l'indépendance, à la personnalité d'aucune d'elles : son action serait tout autre et prendrait les formes les plus diverses.

Veut-on savoir ce qu'elle serait en ce qui touche l'enfance ? Il peut être utile ici d'entrer dans quelques détails. Nulle part, je l'ai fait observer, il n'existe de renseignements précis sur les orphelinats. Le Bureau central, en relation continuelle avec tous ces établissements, aurait toujours des dossiers complets, des tableaux indiquant les vacances. Les bienfaiteurs occupés, voulant placer un enfant dont le

sort les intéresse, n'auraient plus à perdre un
temps précieux, trop souvent en vain ; ils
trouveraient à l'office central non pas des bu-
reaucrates, mais des hommes de cœur les gui-
dant, les éclairant, leur fournissant en quelques minutes les renseignements indispensables. Le Bureau recevrait en dépôt l'argent
recueilli, se chargerait en cas de nécessité de
faire conduire à destination le pauvre orphe-
lin. L'enfant placé, le Bureau servirait d'intermédiaire entre l'orphelinat, les bienfaiteurs et
les familles. S'il s'agissait de versements an-
nuels, promis par des personnes charitables,
il offrirait son autorité morale pour faire rentrer l'argent. Quelle simplification !

Faut-il recourir à la bienfaisance officielle ?
le Bureau possède la collection des règlements,
la pratique des affaires, il facilite les placements dans les hôpitaux, les hospices-asiles.
Sur tous ces points, le Bureau vient en aide

aux hommes d'œuvr.. si souvent absorbés,
et bien plus encore ...; gens du monde.

Mêmes ressources, en ce qui touche l'âge
mûr et la vieillesse, pour les placements, les
secours, qu'il soit question de pauvres honteux
ou d'indigents ordinaires. Le Bureau central
est au courant de tout, se charge de réunir les
pièces nécessaires, facilite les démarches, hâte
les solutions.

Il rend possibles et efficaces les secours im-
médiats, débarrassés des points de vue égoïstes du domicile de secours, permettant à des
hommes et à des femmes du monde aimant
l'infortune, mais ne faisant point partie d'associations religieuses, de venir apporter à l'indigent, avec l'aumône matérielle, l'aumône de
leur affection et de leur dévouement.

Manuel vivant, le Bureau central économise
le temps qui vaut de l'argent pour les riches et
les travailleurs, et abrège les souffrances des

malheureux qui attendent un soulagement.

Loin d'avoir pour but ou pour résultat de supprimer dans la charité l'effort personnel qui en est la meilleure part, il la stimulerait, en l'éclairant et, en la rendant plus rapide et plus sûre, il écarterait les exploiteurs, multiplierait les libéralités et les démarches charitables, en montrant les résultats obtenus.

J'ai dit que cette œuvre devait arriver à faire donner avec discernement, c'est-à-dire après une enquête qui permette de secourir le vrai pauvre et d'arracher le masque à celui qui est indigne d'intérêt.

Pour atteindre ce but, l'office central trouverait l'élément de contrôle indispensable dans une collection de dossiers, renfermant une notice sur tout individu dont il aurait eu à s'occuper, et indiquant les noms divers sous lesquels se cache parfois à tour de rôle la personnalité de ces individus.

On ferait sur une grande échelle ce qui a
été tenté par l'homme bienfaisant que j'ai déjà
cité et dont le nom est connu et respecté dans
le commerce parisien, M. Mamoz. Et pourquoi, en consentant à faire partie de l'œuvre,
ne lui apporterait-il pas le bénéfice de ses recherches, en même temps qu'il la ferait profi-
ter de la longue et précieuse expérience qu'il
a acquise dans son œuvre de l'assistance par
le travail, si bien décrite par M. Maxime du
Camp?

Que d'impostures ainsi déjouées, que d'argent gaspillé en faveur d'êtres indignes,
utilisé au profit de véritables malheureux!

Mais ce devrait être le grand effort de l'institution nouvelle d'écarter de Paris tout individu qui ne peut pas y trouver de moyens
d'existence, de délivrer, d'assainir ainsi mora-
lement la capitale. Le dévouement avec son
zèle et sa persévérance infatigable, avec ses

mille industries, réussit là où l'administration et la police échouent. Tous les jours, nous nous trouvons en présence de quelque rapatriement qu'il serait utile de faire. Mais il faut s'adresser à des administrations dont l'action est lente, il faut dépenser du temps, faire des démarches, s'assurer que l'homme est bien parti. Un Bureau central rendrait tout facile. Selon les circonstances, il mettrait en mouvement les administrations ou agirait auprès des Compagnies de chemins de fer. Par ses soins l'individu serait conduit à la gare, et ses ruses, s'il en avait, seraient déjouées. L'office serait renseigné sur son arrivée, par des correspondants qu'il devrait avoir un peu partout : des hommes de dévouement auxquels il rendrait des services et qui lui en rendraient.

C'est ainsi que l'on arriverait peu à peu à rapatrier ces déclassés, ces ouvriers sans travail, échoués dans la capitale, en les secourant au cours de leur route par des stations hospitalières analogues à celles dont M. le pasteur Bodelschwing a contribué à couvrir l'Allemagne [1]. On parviendrait de même à diriger hors de Paris nombre de malheureux, de malades, de vieillards, pour lesquels il y aurait lieu d'utiliser les ressources hospitalières de la province [2]. Pourquoi, en effet, lorsqu'il s'agit de vieillards, d'incurables, ne pas recourir à l'asile, à l'hospice de province, où il y a si souvent des vacances, et où les prix s'abaissent dans une proportion si sensible? Le vieillard n'a besoin que d'un abri, avec de la nourriture, de l'air et du soleil. Pourquoi le retenir à Paris?

Un des derniers rapports de M. Monod, di-

1. Voir note D. *Appendice.*

2. Cette thèse a été exposée, avec la précision et la vigueur de son talent, par M. Cheysson, inspecteur général des ponts et chaussées, professeur à l'École des Mines. (*L'assistance rurale et le groupement des communes.*)

recteur de l'Assistance au ministère de l'intérieur, nous apprend que, en 1886, sur 39,248
lits d'hôpital, c'est-à-dire réservés aux malades,
15,700, soit 40 pour cent, sont restés vacants
dans les hôpitaux et hospices de province. Et
pendant ce temps, les hôpitaux des grandes
villes sont encombrés !

Que d'individus qui n'ont aucune raison
d'être dans la capitale, il serait possible d'en
éloigner à un moment donné, de renvoyer en
province, dans un milieu où l'on offre du
travail, grâce à des correspondants zélés, ou
de diriger sur nos colonies ou ailleurs, en se
chargeant de prendre toutes les mesures nécessaires d'embarquement et autres. Ce. sont ces
malheureux, ces déclassés, ces vagabonds,
qui finissent par remplir nos prisons et qui
constituent cette pépinière de récidivistes,
dont l'audace et le nombre croissant ont fini
par effrayer l'opinion publique. On s'est flatté

d'y remédier, en reléguant à grands frais le
récidiviste dans nos colonies. Mais à quoi bon
de telles mesures, dont l'efficacité est douteuse,
et qui pèsent si lourdement sur les contribuables, si nous entretenons nous-mêmes, au sein
même de la capitale, une fabrique de récidivistes ? Or, cette fabrique, elle existe, elle fonctionne tous les jours, et je n'hésite pas à la
signaler hautement.

Et si quelqu'un doute de mes affirmations,
qu'il aille assister aux séances du petit parquet.
Chacun sait que l'on désigne sous ce nom une
juridiction rapide exercée par des magistrats
chargés d'interroger d'urgence les nombreuses
personnes mises à l'état d'arrestation chaque
nuit dans Paris, et de statuer sommairement
sur leur sort. On y amène en moyenne 82 personnes par jour. Il m'est arrivé maintes fois,
grâce à la bienveillance des juges, d'assister à
ces interrogatoires. Quel sujet d'étude pour le

moraliste, le philosophe, l'homme politique,
que le spectacle de ce long défilé de visages
humains, où tant de misères, tant de vices se
reflètent !

Le plus souvent, un individu arrêté pour
vagabondage, qui a passé la nuit sous un pont,
sur un banc, n'ayant pas d'ailleurs de mauvais
antécédents judiciaires, est remis en liberté.
Quelquefois, il est trois heures, ou quatre heures
de l'après-midi. Un jour c'était un jeune garçon
arrivé depuis peu à Paris, qui avait cru que
l'ouvrage abondait dans la capitale, qui n'en
avait pas trouvé, avait dépensé son petit pécule
et s'était vu sans le sou en poche, ne connaissant personne, ne sachant plus que faire après
s'être vainement adressé aux bureaux de bienfaisance, où on lui objectait qu'il n'était pas
inscrit et ne pouvait l'être, à la préfecture de
police où on lui disait qu'il n'existait pas
de crédit pour donner des secours. Quand ce

jeune homme fut remis en liberté, je me permis
de dire au juge : « Vous voulez donc forcer ce
garçon à faire quelque mauvais coup, ce soir,
pour manger et pour se coucher. Vous savez
qu'il n'a rien en poche, et vous le mettez dans
la rue à une heure où vous êtes certain qu'il
ne trouvera de travail nulle part. Ce qui peut
lui arriver de moins fâcheux c'est d'être ramené
devant vous demain pour vagabondage et
peut-être encore après-demain. Alors, vous le
renverrez en police correctionnelle, il sera condamné à quinze jours de prison : il aura un
casier judiciaire qui le poursuivra toute sa vie.
Ce sera un repris de justice, et on le mettra à
la porte des ateliers où il sera employé, dès
qu'on le saura. Ce sera un récidiviste, car re-
poussé de tous côtés, il n'aura plus de carrière
à embrasser que celle de malfaiteur. » Tout
cela est malheureusement très vrai, me répondait le juge, mais à qui adresser ces malheu-

reux dont le sort me touche profondément. En
dehors de l'œuvre des Prévenus acquittés, dont
les ressources sont bien restreintes, je ne connais point d'institution dans Paris pour leur venir en aide. Je ne possède aucun crédit dans ce
but. Je ne puis les expédier hors de la capitale. »

Voilà, Messieurs, ce qui se renouvelle tous les
jours. Je dois dire que l'œuvre des Prévenus acquittés a été fondée anciennement par MM. Ca-
senave, Demetz et par un homme dont le nom
se trouvait, alors comme aujourd'hui, partout
où il y a une œuvre généreuse à établir, une
occasion de se dévouer, par le regretté
M. Charles Picot. Mais, comme l'œuvre de
l'hospitalité fondée depuis peu de temps, elle
ne peut apporter à cette situation qu'un remède tout à fait insuffisant.

Revenant à l'exemple que je viens de citer,
j'ajoute que j'ai connu des gens condamnés

ainsi en police correctionnelle avec les meilleurs renseignements à leur dossier.

Des condamnations qui pourraient être
évitées se multiplient ; le nombre des casiers
judiciaires s'accroît, la prison, qui fait l'éducation des novices, achève trop souvent de cor-
rompre les pervers ; et, je le répète, l'État fabrique lui-même des repris de justice. Et quand
il les a fabriqués, il demande de l'argent aux
contribuables pour les amender, si c'est possible, ou pour les mettre hors d'état de nuire
et nous en débarrasser, en les envoyant au loin.
C'est comme si vous meniez une armée dans
un pays pestilentiel, et que vous disiez ensuite
au médecin : guérissez ces malades.

On peut juger par une curieuse monographie, mise très remarquablement en lumière
par M. Alexis Delaire, monographie d'une famille de malfaiteurs américains, the Jukes, véritable dynastie de voleurs qui s'est perpétuée

pendant plusieurs générations, ce que coûtent en définitive aux contribuables de telles lacunes dans les mesures qui doivent prévenir le mal, le guérir à sa source.

Il y a un dernier point de vue sous lequel je voudrais faire envisager, la création de cette œuvre libre et centrale d'assistance destinée à mettre en action toutes les ressources de la générosité publique, et aussi de la prévoyance sociale.

Je l'ai dit au cours de ces pages, et on l'a répété souvent, la véritable assistance est celle qui met celui qui la reçoit à même de s'en passer. L'aumône est un palliatif, et quelquefois même il arrive que la profusion des secours engendre les pauvres. C'est à la racine du mal qu'il faut aller. Les Américains, les Anglais l'ont parfaitement compris. Ils ont compris qu'une bonne organisation de la charité ne doit pas seulement empêcher le pauvre de tomber dans la catégorie des prolétaires, ceux-ci dans la catégorie des mendiants, et les mendiants dans la catégorie des criminels ; mais qu'elle doit provoquer et obtenir un mouvement ascensionnel, c'est-à-dire combattre le paupérisme à sa source, dans ses causes.

Les grandes sociétés charitables américaines s'occupent de la vulgarisation des institutions de prévoyance de toute nature, en même temps que de la bonne répartition des aumônes. Ce sont des foyers de propagande pour toutes les améliorations qui peuvent être apportées dans la condition des travailleurs et des pauvres.

Or, quelles sont les causes qui exposent au dénuement un individu qui cherche à vivre de ses mains ? L'incapacité temporaire ou permanente de travail, déterminée par la maladie, par un accident, la perte d'un membre, une infirmité, par la vieillesse, en n. Comment le

7

mettre à l'abri de ces éventualités ? En lui faisant contracter une prime d'assurance.

Il y a deux grands obstacles à la vulgarisation de l'assurance dans les classes laborieuses, c'est-à-dire là où on en aurait le plus besoin, et ni l'État, ni les entreprises commerciales, ne viendront jamais à bout de ces obstacles, ou tout au moins de l'un deux. Ce sont : 1° Le chiffre élevé de la prime pour des gens qui vivent de leur salaire ; 2° la difficulté de la perception alors qu'il s'agit d'individus peu prévoyants de leur nature et qui se déplacent selon les vicissitudes de leurs professions.

Il faut, pour résoudre ce problème, l'intervention d'un autre élément ; il faut l'action du libre dévouement qui ne compte ni sa peine, ni son temps, ni ses deniers, il faut la puissance de l'apostolat, soit pour contribuer à parfaire le versement de la prime, soit pour en assurer la perception. Jamais, encore une fois,

ni l'Etat, ni l'industrie privée, ne triomphe-
ront de la double difficulté que je signale.

Pourquoi tant d'associations charitables qui
disposent de ressources considérables, pourquoi ces syndicats agricoles ou autres, que la
loi nouvelle permet d'établir, ne constitue-
raient-ils pas un fonds spécial destiné à parfaire les primes d'un certain nombre de leurs
membres qui s'assureraient, et n'organise-
raient-ils pas l'encaissement des primes ? Les
riches ne pourraient-ils pas faire, par contribu-
tion volontaire, ce qu'ailleurs on demande sous
forme d'impôt, et une partie du pays permettre à l'autre de s'assurer et de se mettre ainsi
à l'abri de la misère ?

Suis-je dans l'illusion quand j'estime que,
pour une somme de 60 francs environ, dont une
partie pourrait être payée par l'association,
on ferait assurer un individu de 25 à 30 ans
contre toutes les éventualités qui peuvent l'at-

teindre, accidents de tout genre, en lui assurant en outre une pension viagère de 300 fr. à l'âge de 55 ans, avec reversibilité d'une partie de cette pension sur sa veuve et ses enfants en cas de mort ?

Si ces avantages étaient certains, ne pourrait-on pas déterminer les associations à entrer dans la voie que j'indique, en créer partout de nouvelles, les tourner vers les institutions d'épargne et d'assurance ? Et ne serait-ce pas faciliter singulièrement le succès de cette entreprise que de fournir à ces associations locales, inexpérimentées, justement méfiantes, éloignées de la capitale, un intermédiaire entre elles et les compagnies d'assurances ; un office central, qui simplifierait absolument leur tâche, leur servirait de guide, de conseiller, de représentant ?

Je me borne, Messieurs, à ouvrir devant vous ces horizons. Si la tâche est trop vaste

et trop ambitieuse pour l'office central de la
charité dont je souhaite la création, rien n'em-
pêcherait d'établir un office spécial de la prévoyance. Dans tous les cas, il me semble que
ce vœu, si ce ne doit être qu'un vœu, mérite
d'appeler vos réflexions, et vous ne trouverez
pas, je l'espère, que ce soit là une digression
qui prolonge inutilement cette étude. Ces considérations, au contraire, servent puissam-
ment, à mes yeux, à en justifier la conclusion.

En résumé, soit que l'on veuille assurer
une meilleure répartition des secours à Paris,
les rendre vraiment efficaces, délivrer la capitale d'une foule d'individus qui ne peuvent,
en y demeurant, que se nuire à eux-mêmes
et menacer la sécurité publique ; soit que l'on
veuille se rendre un compte exact des progrès
du paupérisme, discerner les moyens de le
combattre dans ses causes et propager l'usage

de ces moyens, une organisation nouvelle de la charité, sous la forme d'une œuvre libre et centrale est nécessaire.

La difficulté de se procurer des ressources ne saurait être une objection à un projet de ce genre. Le budget de l'œuvre consisterait uniquement dans des frais d'administration susceptibles d'être limités, et que la générosité publique fournirait volontiers, une fois que le but serait connu. Ce qu'il faudrait, c'est le concours de quelques hommes de cœur; un conseil où seraient représentées toutes les grandes œuvres charitables de la capitale et au-dessous de ce conseil un petit nombre d'hommes d'action, initiés dès longtemps à la charité, et ne reculant pas devant la peine. Ainsi outillé pour lutter contre la misère, ayant tout mis en œuvre pour secourir efficacement les malheureux, on pourrait recourir à une répression plus sévère infligée aux vagabonds incorrigibles, lesquels sont une menace permanente pour la paix publique. Les pays voisins nous en donnent l'exemple ; la Suisse notamment, qui procède, par mesure administrative et moyennant une procédure sommaire, offrant néanmoins toute garantie, à l'internement des individus adonnés à l'oisiveté, au vagabondage. Des maisons de travail bien organisées, où les internés se livrent à des travaux agricoles en rapport avec leurs forces et leurs aptitudes, complètent ces mesures. N'avons-nous pas assez de terres en friche ou jachère en France, assez de travaux à exécuter en Algérie pour occuper les bras valides ?

Je n'insisterai pas davantage, Messieurs, sur cet ordre d'idées. J'ai à m'excuser d'avoir déjà retenu bien longtemps votre attention. J'abrégerai les quelques considérations que j'ai à cœur de vous soumettre en finissant.

Comme vous le voyez, vous n'avez pas été
conviés, uniquement pour entendre exposer
des théories sur l'assistance publique, mais
pour aboutir à une action commune. Vous avez
été conviés dans l'espérance que vous sortiriez
de cette réunion animés de la double conviction
qu'une grande œuvre nouvelle et essentiellement pratique, est indispensable, et que vous
lui devez votre concours. Puissé-je avoir démontré l'opportunité, la nécessité de cette œuvre !

Il me semble qu'il suffit de soulever un coin
du voile qui dissimule nos plaies sociales et de
se mettre, ne fût-ce qu'un instant, en face de
la réalité, en écartant les apparences brillan-
tes de la civilisation, pour être épouvanté du
petit nombre de ceux qui jouissent des biens
de la vie et de la multitude de ceux qui en
sont privés, soit qu'ils souffrent en silence,
soit qu'ils murmurent et se révoltent. Dans ce

grand Paris, sur.cette population de deux millions d'habitants, comptez combien sont ceux que n'assiège pas le poignant souci du lendemain, sinon les angoisses de l'heure présente !

Et ce qui épouvante et attriste autant que la misère, c'est le spectacle des haines qui y sont associées et qui mettent aux prises une partie de la société avec l'autre. On constate alors bien vite que la question qui s'agite autour de nous est bien autre chose qu'une question de personnes, qu'une question de formes politiques, qu'elle est autrement haute et profonde. On constate que ce qui fait trembler le sol sous nos pas, c'est le choc violent de l'opulence et de la pauvreté, la lutte de ceux qui n'ont rien et de ceux qui ont trop. Deux armées sont en présence, prêtes à en venir aux mains : dans l'une, la fortune, la naissance, l'instruction élevée, les hautes situations sociales ; dans l'autre, tout ce qui vit au jour le jour, du travail de ses mains, tous les malheureux qui n'ont pas de quoi vivre.

Sans doute cette lutte est ancienne. Mais elle est particulièrement grave à l'heure où nous sommes, dans un pays où les liens sociaux sont rompus, où les points d'appui naturels font défaut, en face de ces masses ouvrières qu'agite un continuel malaise et qui sont nourries d'utopies malsaines devenues le fond de leur esprit et le fléau de leur condition.

C'était déjà un grand malheur que la classe des travailleurs en fût arrivée à considérer que ses intérêts étaient distincts de ceux des autres classes. Aujourd'hui elle les considère comme diamétralement opposés. Non seulement elle ne compte plus sur nous pour améliorer sa condition, mais elle nous regarde comme y faisant obstacle et n'a plus d'autre programme que le programme de la destruction.

Quel peut être l'avenir d'une société ainsi divisée, dont une fraction, qui est le nombre, et qui, avec le droit de suffrage, a la toute-puissance politique, ne voit de salut pour elle que dans l'anéantissement de l'autre fraction ? Combien de temps verra-t-on subsister un corps social dont les membres entendent détruire la tête ? Il serait insensé de prétendre donner une solution définitive à aucun des problèmes que nous pose l'avenir de notre pays, tant que l'on n'aura pas remédié à celui-là. Tout semble vain auprès de ce formidable péril.

Quel est le moyen de le conjurer ? Il n'y en a qu'un seul. Il faut reconquérir la confiance du peuple qui s'est éloignée, et on ne peut la reconquérir que par des actes.

Ce n'est pas sans motif que cette confiance n'existe plus. Il y a des explications, sinon des excuses, à cette hostilité toujours grandissante dont nous sommes les témoins.

De quelle immense piperie le peuple n'est-il
pas depuis trop longtemps l'objet ? Que de promesses menteuses sans cesse renouvelées !
Chaque parti lui en a fait, chaque candidat l'en
a ébloui. Chaque révolution s'est accomplie, en
affirmant qu'elle transformerait la condition
des travailleurs, le sort des pauvres, des malheureux. Une cruelle expérience a appris au
peuple que ceux qui affectent le plus de pen-
ser à lui ne pensent qu'à eux-mêmes. Il assiste
à nos misérables querelles et il s'aperçoit du
peu de place qu'il tient dans ce conflit de calculs égoïstes et d'ambitions effrénées. Aujour-
d'hui même où le triomphe de sa cause semble assuré par l'avènement de la démocratie au
pouvoir, quelle déception nouvelle pour lui !

En présence d'un budget de quatre milliards,
de l'augmentation constante et écrasante des
charges publiques, la première pensée qui
vient à l'esprit est que cette situation finan-

cière résulte d'entraînements généreux, peut-
être chimériques, ayant en vue la réalisation
d'un vaste programme démocratique inspiré
par le sentiment de la solidarité humaine. On
doit se dire et on se dit que si des centaines
de millions ont été dépensés, risqués, c'était
pour faciliter les assurances à bon marché,
améliorer les logements des ouvriers et en
créer d'économiques et de salubres, habituer
les travailleurs aux entreprises coopératives,
multiplier les banques populaires, les sociétés
de secours mutuels, provoquer, organiser la
fondation des caisses de retraite, en faveur des
ouvriers.

Il n'en est rien ! Si l'initiative privée ne s'é-
tait pas chargée d'accomplir certains points de
ce programme, tout serait à faire ! Vous avez
dans le souvenir, Messieurs, le nom des hommes de cœur qui ont réellement obéi à l'idée
démocratique et poursuivi la réalisation de

ces réformes populaires. Je n'aurais point à
chercher beaucoup autour de moi pour en pouvoir citer ici même plus d'un.

Si le peuple savait encore discerner ses
vrais amis, il les trouverait sans peine. Il ne
saura les reconnaître désormais que moyennant un effort constant et désintéressé de
notre part, si nous lui prouvons — et il fau-
dra du temps et de la patience pour rendre la
démonstration convaincante — que c'est son
bien que nous cherchons et non pas notre intérêt; il ne les reconnaîtra que si un certain
nombre d'entre nous se consacrent avec une
entière et sincère abnégation à servir sa
cause, sans lui rien demander en retour.

A dire le vrai, l'oubli de soi a seul le secret
d'apaiser les haines sociales comme seul il fait
naître les œuvres grandes et durables. L'oubli
de soi, qu'est-ce en effet ? C'est l'égoïsme
vaincu, c'est le dévouement, c'est l'amour du

prochain, et il n'y a que lui qui puisse susciter, entre ces deux armées qui se menacent et
dont je parlais tout à l'heure, ces médiateurs
qu'Ozanam appelait déjà de ses vœux et qui
seront les véritables pacificateurs des âmes.

Car, ne l'oublions pas, comme l'a dit excel-
lemment M. Jules Simon, « le mal dont nous
souffrons est surtout un mal moral; ce sont
les âmes qu'il faut guérir. »

A coup sûr, il ne dépend pas de nous, ni
d'aucune combinaison encore inconnue, de re-
faire un monde sans douleur.

Ce n'est pas la faute de la société si l'homme
souffre ; telle est la condition humaine, mais
c'est la faute de la société, on l'a fait observer
avec raison, si ces souffrances ne diminuent
pas ; et sa responsabilité est d'autant plus
lourde, que ses exemples, ses influences cor-
ruptrices, son mépris de la loi divine, multiplient et développent les causes du paupérisme.

Vous objecterez, que la tâche à remplir est bien vaste, que l'on se sent bien impuissant, que chacun de nous a une sphère d'action bien restreinte, que l'on est la goutte d'eau. Oui, cela est vrai, et cependant interrogez l'histoire de la charité et voyez ce qu'a su faire parfois le dévouement d'un seul, celui-là fût-il le plus humble, le plus petit.

Vous dites que vous n'êtes qu'une goutte d'eau? Je vous réponds, avec Lacordaire, que la goutte d'eau, lorsqu'elle a abordé à la mer, n'en a pas moins formé le fleuve et que le fleuve ne meurt pas.

Est-ce qu'il faut tant d'efforts, d'ailleurs, pour créer cette œuvre dont je viens de vous entretenir, Messieurs, cette œuvre qui s'impose quand on examine l'état de l'organisation de la charité à Paris, ses lacunes, ses vices? Mais non, un peu de bonne volonté, et elle est fondée. Et chacun ne doit-il pas être

pressé d'y concourir par quelque considéra-
tion qui lui est propre, à laquelle il obéit :
l'homme de foi, le chrétien, pour qui la personne du pauvre est sacrée ; l'homme de
cœur, qui ne peut goûter paisiblement les
joies dont il a le privilège sans faire une part
à l'infortune ; le riche, l'homme de plaisir, le
politique, qui ont le souci de la sécurité sociale et s'inspirent de la loi de l'intérêt bien
entendu.

Au fond, la religion, l'humanité, la politique ne sont que les formes diverses d'un
même art, — qui est toute la destinée de
l'homme ici-bas, — l'art de faire le bien.

Il excellait à l'exercer, celui dont j'em-
prunte ici les paroles : Augustin Cochin,
comme il excellait à en parler, et il nous
laisse un mémorable et efficace exemple !

Unissons-nous donc, Messieurs, pour pratiquer ce grand art de faire le bien.

Ne nous déchargeons pas sur l'État du soin de remplir nos devoirs sociaux. Divisés sur tant de points, réservons, pour nous y rencontrer, ce domaine d'où toute politique doit être bannie. Cessons de donner le pas, sur ces questions vitales, à nos stériles agitations, à ces luttes d'intérêt personnel où nous nous épuisons. Cessons enfin de justifier la saisissante image qui nous compare à ces passagers insensés, uniquement occupés, au cours d'une traversée orageuse, à se disputer ou à s'étourdir follement, tandis qu'ils oublient de fermer les voies d'eau par où l'existence même du navire est menacée!

II

LE REPOS DOMINICAL

ENVISAGÉ

AUX POINTS DE VUE ÉCONOMIQUE ET SOCIAL [1]

Il semble que tout a été dit sur cette grave
et capitale question du repos dominical. Que
l'on se place au point de vue de la loi religieuse
ou au point de vue de la loi naturelle, que l'on
écoute les représentants de la loi, les moralistes
ou les savants, les hommes qui se préoccupent
avant tout du développement des sociétés humaines, du progrès matériel, de la préémi-

1. Discours prononcé à Paris dans la réunion du Conseil
central de l'association pour l'observation du repos du
dimanche en 1879.

nence de l'industrie nationale, ou ceux qui songent uniquement au progrès moral et au salut des âmes ; que l'on se rende à la voix de la raison, de la conscience et de la tradition, ou que l'on s'incline devant l'autorité des faits, devant l'expérience des nations les plus actives, les plus prospères, et les plus libérales : on se trouve en présence de l'apologie la plus complète, la plus imposante et la plus décisive de l'observation du dimanche.

Il s'agit donc bien moins aujourd'hui, pour les défenseurs de ce grand principe, d'en renouveler la démonstration doctrinale que de rechercher et de signaler les moyens pratiques qui permettent de généraliser l'application de ce précepte et de le concilier avec toutes les exigences de l'industrie moderne.

Cependant les circonstances actuelles, la crise économique intense et prolongée que nous traversons, et les grands débats qui ont eu lieu, il y a peu de temps, sur l'observation légale du dimanche, dans une assemblée politique voisine, viennent de mettre en lumière des enseignements tels, qu'ils constituent à eux seuls une démonstration nouvelle, et plus pressante que jamais, de la nécessité du repos dominical.

Cette démonstration a une trop grande importance au point de vue économique et au point de vue social pour n'être pas signalée à l'attention publique, et elle a, ce semble, l'avantage de définir et de caractériser le terrain nouveau sur lequel il serait utile et opportun de porter la discussion. Sans doute, avant d'être une mesure de conservation sociale, d'économie politique ou d'hygiène, le repos du dimanche est un public hommage rendu à Dieu et, comme on l'a si bien dit, une garantie indispensable donnée à la liberté des âmes et à la conscience de tous les chrétiens. Nous n'entendons pas lui ôter ce caractère ; loin de là: Mais s'il s'impose à ce titre au croyant, au chrétien, au moraliste, à quiconque a le respect de Dieu et de l'âme humaine, il n'est pas indifférent de montrer, que le repos dominical s'impose aussi par des raisons pressantes, décisives, à l'homme d'État, au législateur, à l'économiste. Quand les faits eux-mêmes se chargent de donner cette leçon à une génération qui prétend ne tenir compte que des faits, on serait inexcusable de n'en pas invoquer l'autorité.

Parmi les adversaires de l'observation légale du dimanche, beaucoup affectent encore de considérer cette question comme intéressant exclusivement le domaine religieux ; ils s'empressent de montrer, au fond de tout appel qui tend à l'observation du dimanche, les préoccupations d'un clergé effrayé de voir ses temples déserts, prétendant recruter des fidèles par la menace et par la coercition, prêt à im-

poser le joug de pratiques religieuses gênantes
et à s'emparer peu à peu des consciences, pour
mieux asseoir sa domination. Or, à entendre
ces ombrageux défenseurs de la société civile,
il faut à tout prix protéger la liberté humaine
contre l'envahissement de ces prescriptions
superstitieuses, incompatibles avec le triomphe
de l'esprit moderne et avec les exigences universelles du progrès économique. Arrière ces
ministres de religions surannées qui voudraient
forcer le peuple à se reposer malgré lui, empêcher l'ouvrier de gagner son pain comme il lui
plaît et d'augmenter son bien-être ! Arrière
ces complices de la paresse, ces sectateurs
attardés d'un passé disparu, qui ne savent pas
encore que nous sommes dans le siècle de la
vapeur et de l'électricité et qui ignorent jusqu'aux rudiments du jeu de la libre concurrence ! C'est par de tels arguments que l'observation légale du dimanche est combattue

tous les jours et que les populations en sont détournées.

Or, voici que des quatre points cardinaux du monde industriel s'élève tout à coup une plainte universelle : nous sommes perdus, s'écrie-t-on ! l'excès de la production nous accable ; les marchés sont encombrés, les stocks sans limites, la vente nulle. Bien vite, que l'on se hâte de ralentir le travail ; que l'on mette fin à cette fièvre ; la pléthore est là ; c'est la misère, c'est la ruine ? Et des fabriques se ferment, et les faillites se multiplient, et des meetings industriels se réunissent pour aviser au moyen de ralentir le travail et d'arrêter la machine humaine surmenée et haletante. Ainsi le chemin qu'on prenait pour s'enrichir est celui qui conduit à la ruine, et pour avoir méconnu les lois morales, on a violé du même coup les lois économiques et bouleversé le monde industriel.

Ce n'est pas que ces conséquences d'un tra-

vail sans relâche, d'une production exagérée,
aient échappé aux prévisions clairvoyantes des
défenseurs du repos dominical à d'autres époques. Parmi eux, plus d'un a signalé les suites
inévitables de l'excès de la production qui devait
résulter de l'abus du travail. Mais on se riait
de leurs prévisions. On s'imaginait qu'il était
impossible de produire trop abondamment et
les mêmes politiques et économistes profonds
applaudissaient à la spoliation et à la proscrip-
tion des ordres religieux ; cela devait, assuraient-
ils, fournir au travail un surcroît d'activité.

La crise qui sévit si cruellement s'est chargée
de répondre à ces vains calculs, et l'on ne peut
plus aujourd'hui nier les résultats qu'engendre
l'abus du travail[1].

Lorsque le Parlement allemand discutait, au
mois d'avril dernier, la loi sur le travail des
enfants dans les manufactures et la proposition

1. Note E, voir *Appendice*.

relative à l'observation légale du repos du dimanche, la fraction socialiste de l'assemblée a
appuyé énergiquement ces propositions et demandé qu'il fût complétement interdit de faire
travailler les enfants et les femmes dans l'industrie. En formant ces demandes, ce groupe
s'est placé sans doute au point de vue de l'humanité, du développement physique et intel-
lectuel de l'enfant, au point de vue du respect
dû à la femme et des intérêts de la famille,
mais il s'est placé également, et il l'a proclamé
bien haut, au point de vue des dangers que fait
naître inévitablement l'exagération de la production ; aussi n'a-t-il pas manqué de préco-
niser les avantages du travail intensif sur le
travail extensif, appelant de ses vœux une diminution des heures de travail qui, à ses yeux,
devait amener logiquement une augmentation
des salaires.

On soupçonne aisément que, dans une discussion sur des lois de cette importance, au sein d'une assemblée qui représente plus de quarante millions d'hommes, tous les aspects sous lesquels peut être envisagée la question du repos dominical ont dû être tour à tour examinés et débattus.

Il est digne de remarque que la motion en elle-même a rencontré l'adhésion de tous les partis et n'a provoqué de divergences que sur son mode d'application.

Le point en litige était de savoir s'il fallait interdire d'une façon absolue, sous peine d'un châtiment légal, l'emploi des ouvriers le dimanche, ou décider que nul ne pourrait être contraint à travailler ce jour-là. La proposition avait été faite d'abord par le Dr Lingens, du centre, dans la séance du Reichstag du 6 avril 1878, et elle avait trait aux employés des postes et télégraphes. Elle a été ensuite appuyée par les socialistes. Un orateur a fait remarquer, non sans tristesse, que ce n'était pas une des moindres particularités de ce débat que d'avoir provoqué l'intervention des socialistes, intervention qui n'a pas peu contribué à déterminer l'Allemagne à s'occuper de l'observation légale. « Un tel fait, bien que regrettable, a-t-il dit, est heureux néanmoins ; car il faut considérer avant tout l'intérêt du peuple, et il n'est pas, pour l'ouvrier, de liberté plus précieuse et plus chère que celle du repos, après un travail rude et pénible de six jours. »

Le cours de la discussion a fait apparaître successivement, nous venons de le dire, tous les grands intérêts qui plaident en faveur du repos dominical, en indiquant la part qui appartient à chacun d'eux et la satisfaction qu'ils en reçoivent.

Les divers orateurs qui ont pris part aux débats ont invoqué la religion, l'Église réclamant l'obéissance à la loi divine, la nécessité de

l'instruction religieuse et morale, du culte à
rendre au Créateur ; la famille, qui demande
au repos dominical le développement de toutes
les vertus domestiques, l'union des époux, la
piété filiale, le charme et la société du foyer ;
les associations, les relations sociales qui ré-
clament ce repos pour les plus douces satis-
factions de la vie, et le progrès de la culture
intellectuelle et artistique ; la personnalité humaine, l'individu qui en a besoin pour l'épanouissement de sa santé morale et physique,
pour l'accroissement de ses forces, pour les devoirs à remplir envers l'âme et envers le corps ;
enfin la société en général dont la prospérité et
même l'existence sont liées au respect de la
loi morale et à la forte constitution de la famille.

Sur le point particulier qui touche à l'hygiène, à la santé physique et morale, il n'est
pas sans intérêt de constater comment la pro-

position a été défendue par un député qui est
en même temps médecin, M. le D^r Lœve :

» J'ai constaté, a-t-il dit, par l'expérience de
ma profession, combien est pénible la privation
du repos dominical. C'est un des plus lourds sacrifices que nous impose notre vocation. Même
à l'époque où, plein de jeunesse et de vigueur,
j'avais accepté une très nombreuse clientèle et
où ma sonnette de nuit était souvent mise en
mouvement, j'ai toujours regardé ces réveils
soudains et ces excursions nocturnes et loin-
taines en voiture ou en traîneau par la neige
comme un moindre sacrifice que la privation
du repos dominical. Songez-y donc ! Passer les
sept jours entiers de la semaine dans des oc-
cupations d'une régularité désespérante, sous
le coup de préoccupations constantes, le cerveau absorbé par une série d'idées qui tournent dans un cercle invariable. Cela finit par
être accablant pour l'esprit, et si nous souf-

frons de cette monotonie, que doit-ce être
pour l'ouvrier ? Ne doit-elle pas être ressentie
comme une tyrannie odieuse, comme une op-
pression du sort par cette classe d'hommes,
bien qu'ils travaillent plus avec leurs muscles
qu'avec leur tête ? Certes ils s'en ressentent et
les effets en sont déplorables. On ne se préoccupe pas assez de l'influence ainsi exercée
sur le cerveau. Ce n'est pas seulement la
bonne digestion et la force musculaire qui
prolongent la vie humaine, ou mieux encore
les plus hautes jouissances de la vie, c'est le
cerveau. Or, comment-voulez donner à l'ouvrier condamné à un travail incessant la possibilité de cette vivifiante activité cérébrale ?
Comment lui permettrez-vous de commencer
chaque semaine une vie nouvelle ? Comment
pourra-t-il rentrer en lui-même pour connaître
ses rapports avec Dieu, avec le monde, avec
ses semblables ? Comment participera-t-il aux

joies de la famille ? Comment arrivera-t-il à poursuivre un autre cours d'idées, à se renouveler, en quelque sorte, si vous lui refusez le repos dominical ou si vous ne lui assurez pas la possibilité d'en jouir ? Le priver du repos dominical, c'est lui enlever du même coup les joies de la vie, le bonheur que donne la vigueur de l'âge, c'est le rendre incapable d'en user, puisque l'on aura tué son cerveau et énervé son cœur. »

Il n'est pas non plus inutile de remarquer que c'est au sein d'une assemblée politique, et non pas dans un temple, dans une église, que l'on a pris à cœur de signaler le repos du dimanche et les bénédictions divines qu'il porte avec lui comme les gages les plus assurés de la prospérité du travail et de l'industrie.

Un orateur n'a pas hésité à citer cette grande parole de l'historien Macaulay, l'une des gloires de la Grande-Bretagne, déclarant que, d'après

lui, la plus grande part des bénédictions qui
reposent sur l'industrie anglaise et qui lui ont
valu un si prodigieux accroissement, provient
du respect sérieux avec lequel le repos du dimanche est observé par cette nation. On aurait
pu ajouter à ce témoignage celui de l'un des
hommes politiques contemporains les plus populaires de la Grande-Bretagne, M. Bright,
qui n'hésite pas à proclamer bien haut que c'est
avant tout à cette cause que l'Angleterre doit
sa prospérité et ses progrès.

Mais ces débats portent avec eux un enseignement d'une gravité exceptionnelle et dont
j'ai hâte de parler.

Ce qu'ils ont, en effet, démontré de la façon
la plus saisissante, c'est la facilité avec laquelle
se propagent les doctrines anti-sociales au sein
de populations courbées sous le joug d'un
travail abrutissant, détournées de toute notion
morale, dépourvues de toute éducation reli-

gieuse ; ce qu'ils ont révélé, ce sont les sentiments d'aigreur, l'esprit d'antagonisme, de
haine qui se développent dans ces mêmes
milieux. Et il faut observer, encore un coup,
que ce ne sont plus les représentants d'une
Église qui parlent, ce sont les membres d'une
grande assemblée politique qui discutent au
point de vue des intérêts purement sociaux et
matériels.

Le cri d'alarme n'a pas été jeté sans raison.
C'est à la lumière des faits que l'on a pu constater à quel point les classes privées de tout sérieux enseignement moral, sont devenues aisément la proie des plus folles théories, d'autant
plus crédules qu'elles ont perdu la foi, à la
merci de tous ceux qui les exploitent, en flattant
leurs passions, en leur promettant la réalisation de leurs chimères ou le triomphe de leurs
appétits ; et l'explication en est toute naturelle.

La seule chose, en effet, qui élève l'homme

au-dessus de l'animal, c'est le privilège de comprendre qu'il a une destinée, c'est de pouvoir se poser le problème de son existence. C'est ainsi qu'il prend dans la création le rang supérieur qui lui est assigné. Or, quand lui est-il donné de s'élever à une pensée morale, de reconnaître, à côté de la misère de sa condition présente, sa grandeur native ; quand lui est-il donné de voir sa raison s'éveiller, de savoir qu'il a été créé pour un but ? Quand cela est-il donné à ces milliers d'êtres qui, condamnés à travailler sans relâche, n'ont pas une heure pour tourner leurs regards en haut, pour pousser un cri vers Dieu, et qui traversent la vie sans même avoir pu et su se poser le problème de leur destinée ? Quand donc tous ces êtres peuvent-ils échapper à la servitude du travail, atteindre des idées plus hautes, mettre en jeu les facultés de leur âme, si on leur refuse le jour que Dieu lui-même a assigné

à l'humanité pour cette salutaire détente? Abru-
ties et dégradées, les plus nobles natures suc-
combent; elles perdent toute direction d'elles-
mêmes, toute vue claire des fins pour lesquelles
elles ont été créées. C'est un terrain tout préparé
pour le développement de l'esprit d'envie, de
haine et d'antagonisme. Et le jour vient bientôt
où les sourdes protestations qu'ont fait naître
les misères de la vie, l'inégalité des destinées,
et tant d'attentats contre la dignité morale de
l'homme se transforment en revendications
violentes et en criminelles entreprises. Le
spectacle de si redoutables dangers devait na-
turellement conduire à scruter une fois de plus
les causes qui expliquent l'étrange obstination
qu'on met à les provoquer ou à les oublier, en
repoussant tous les moyens qui en pourraient
conjurer le retour.

En ce qui touche la profanation du dimanche,
la discussion qui a eu lieu au Parlement alle-

mand a mis au jour les influences qu'on vient
de signaler et les a ramenées à trois causes
principales :

Premièrement, la cupidité des patrons qui
méconnaissent leur intérêt bien entendu, qui
s'obstinent à ne pas voir que le travail associé
à un repos périodique serait cent fois plus fruc-
tueux ; qui, en stimulant la production, en
l'exagérant et en ne reculant pas devant l'abus
du travail, vont au-devant de perturbations
économiques dont ils sont les premières victimes.

En second lieu, la légèreté de l'ouvrier qui
se complaît à gagner le dimanche matin ce
qu'il dépensera le soir ou le lundi pour satisfaire
de grossiers appétits, l'orgueilleuse et puérile
satisfaction d'afficher une sorte d'indépendance
des lois divines, alors qu'il se courbe sous les
plus humiliantes servitudes et qu'il prépare,
par son exemple, des révoltes inévitables contre

son autorité de père de famille dans son propre foyer.

En troisième lieu, l'aveuglement du législateur et de l'homme d'État, qui prétendent n'avoir point à intervenir dans de pareilles questions, comme si l'autorité publique et les sociétés humaines n'avaient nul intérêt à faire respecter les lois divines qui leur servent de bases! l'aveuglement du législateur, de l'homme d'État, qui se flattent de garantir la liberté du travail, quand ils laissent impunément fouler aux pieds la liberté du repos et ruiner la santé physique et morale, les forces vives des populations; l'aveuglement du législateur et de l'homme d'État, qui reculent devant le remède opportun à opposer à la propagation des doctrines subversives et qui, non contents de laisser se développer les ferments d'antagonisme, de haine, vont parfois jusqu'à s'en servir au gré de leurs calculs d'un jour, sauf à appeler

ensuite sur ces doctrines — le jour où elles
produisent leurs fruits empoisonnés — toutes
les rigueurs d'une répression violente et le dé-
chaînement de la force !

Si des débats parlementaires ont jamais eu
un épilogue d'une actualité saisissante, d'une
logique implacable, ce sont bien ceux de ce
même Parlement allemand auxquels nous venons de nous reporter. Cet épilogue, les délibérations sur la loi qui réprime la propagande
socialiste le leur fournissait hier à peine.

Il y a quelques mois, on signalait le danger : on avait gémi sur les conséquences du
repos hebdomadaire profané, sur les préoccupations tardives dont il était l'objet, sur l'indifférence qu'avaient témoignée nombre de
conservateurs et les hommes d'État en général
pour l'observation de ce devoir fondamental ;
on avait signalé les sentiments d'aigreur et
d'hostilité qui se répandaient parmi les popu-

lations ouvrières, et démontré que, pour en avoir raison, il n'y avait pas d'autre moyen que le rétablissement de la loi morale.

Aujourd'hui les hommes d'État auxquels on s'adressait et dont on déplorait l'indifférence, les représentants des gouvernements n'ont plus à la bouche que des paroles d'effroi. Le tableau des ravages causés par la propagande des doctrines antisociales est placé sous tous les yeux. On voit déjà, selon les expressions d'un penseur célèbre, apparaître une foule athée qui a faim et soif, et qui, dans le droit de suffrage, a la massue d'Hercule. On la voit, ayant conscience de sa force, la comparant à la faiblesse de ses adversaires, lasse de laisser manier par des mains étrangères la massue que les institutions ont mise à sa portée, prétendre la manier à son tour au gré de ses passions en révolte. A ces puissants appels adressés à l'esprit de conservation, que répon-

dent ceux qui se donnent pour les représentants des populations ouvrières, ceux que menacent les lois nouvelles ? C'est ici qu'éclate
tout ce que cette situation a de dramatique et
d'éloquemment instructif.

Eh quoi ! ont dit en substance les députés
socialistes dans les séances du Parlement allemand, dont nous résumons les débats, eh quoi !
vous prétendez nous mettre hors la loi, vous
affirmez que nos tendances, nos vœux, nos
théories sociales, nos revendications sont une
menace pour la tranquillité du pays, pour la
stabilité de ses institutions ? Mais qu'avez-vous
donc à nous reprocher ? Est-ce que nous avons
fait autre chose que mettre en pratique les
exemples qui nous ont été donnés et vos enseignements officiels eux-mêmes ? Est-ce que
nous sommes tenus de croire que notre destinée ne finit pas avec cette vie, qu'il y a des
lois divines, qu'il y a des inégalités sociales que

nous devons supporter patiemment, qu'il y a une conscience, des devoirs auxquels nous devons obéir? Est-ce que l'on ne nous a pas appris que tout doit être sacrifié, ici-bas, aux intérêts matériels, que l'ouvrier n'est qu'un instrument dont on peut user et abuser, qu'il faut se hâter de prendre sa part des jouissances terrestres, les seules assurées, les seules vraies? Parmi les classes éclairées, celles qu'on nomme les hautes classes de la société, que voyons-nous régner, si ce n'est la fièvre de l'argent et des plaisirs? Où cherchez-vous ces mots de dignité morale, de devoirs, de destinées immortelles pour l'ouvrier? Quel respect en avez-vous? Qui se préoccupe de savoir si ses ouvriers, ses employés, ses domestiques ont une âme? Votre législation leur réserve-t-elle un seul jour pour savoir s'ils en ont une? A-t-elle pris soin de dérober quelques heures en leur faveur à la cupidité, à la spéculation qui se sert d'eux sans merci ? N'est-ce point dans vos universités que l'on enseigne que l'homme a pour ancêtre un animal, que la science a démontré l'inanité de l'existence de Dieu, que les pratiques des religions positives font honte au progrès de l'humanité, que la vertu et le vice n'existent pas en eux-mêmes, que la destinée de l'homme est renfermée dans les limites de cette vie, entre le berceau et la tombe ?

« Je suis fermement convaincu, dit en pro-
» pres termes, du haut de la tribune du Par-
» lement Allemand, le député Bebel au mois
» de novembre 1878, que le socialisme mè-
» nera à l'athéisme, mais quels sont ceux qui
» ont appuyé les doctrines athées dans la
» science et la philosophie ? Etaient-ce des dé-
» mocrates socialistes Edgar et Bruno Bauer,
» Feuerbach, David Straus et autres ? Qui
» donc a acheté les quatre éditions du dernier

» livre de Straus, *l'Ancienne et la nouvelle*
» *foi ?* Ce ne sont pas les ouvriers qui ont
» acheté ces livres, qui étaient trop chers pour
» eux ; c'est la bourgeoisie libérale, ce sont
» nos adversaires déclarés qui ont acheté ces
» quatre éditions ! Quant à nous, nous avons
» adopté, à notre tour, les doctrines de l'a-
» théisme, qui nous venaient d'ailleurs ; nous
» nous croyons obligés de les propager, de
» les répandre dans les masses. »

Et comment, pouvait-il ajouter, lorsque
nous nous bornons à traduire dans des faits,
dans des théories sociales, dans des projets
d'avenir, de tels enseignements, de telles doctrines, nous devenons des criminels ! Aux
professeurs qui les enseignent, les honneurs
et les places lucratives, les décorations, les
pensions, la faveur de l'État, et la considéra-
tion publique ! A nous l'amende, la prison,
l'exil !

Et ne nous accusez pas d'exagérer ? Est-ce
que vos professeurs n'ont pas eux-mêmes fait
l'aveu des conséquences de leurs doctrines ?
Les comprennent-ils autrement que nous ?
N'ont-ils pas été amenés à inviter leurs disci-
ples à en dissimuler momentanément la portée ? M. le professeur Virchow n'a-t-il pas con-
seillé, il n'y a pas longtemps, à la réunion des
naturalistes et médecins allemands à Munich,
la plus grande prudence ?

« Vous vous imaginez, a dit M. le professeur
» Virchow, ce que devient la théorie de la des-
» cendance dans la tête d'un socialiste. Ce
» système poussé jusqu'à ses dernières con-
» séquences a un côté extrêmement dange-
» reux et vous saisissez facilement ce que le
» socialisme a pu y gagner. Nous avons d'au-
» tant plus le devoir, nous qui sommes les
» représentants de la science, de nous garder
» de faire passer dans la tête des hommes —

» et j'insiste particulièrement sur ce point —
» dans la tête des maîtres d'école ce qui n'est
» chez nous qu'à l'état d'hypothèse. »

Ainsi vos professeurs ne se font pas d'illusion ; seulement, ils entendent qu'on ne tire aucune conclusion des doctrines qu'ils professent. Mais nous, nous sommes conséquents, nous sommes logiques, et l'on ne peut s'étonner que d'une chose de notre part, c'est de la lenteur avec laquelle procède notre logique. Que l'on n'en soit pas surpris ! Nous prenons patience parce que l'avenir nous appartient. Vous prétendez nous écraser ; le temps et les événements vous convaincront de l'impuissance de vos mesures répressives. Vous avez sans profit anéanti la liberté, vous n'aurez fait que hâter le jour de notre triomphe.

En entendant un tel langage, on peut se demander, en vérité, comment la première préoccupation de tous ceux qui ont quelque souci

de l'avenir de la paix sociale n'est pas de chercher, par tous les moyens en leur pouvoir, à
rétablir dans les âmes l'empire de la loi morale,
seul rempart qui puisse protéger la société
contre de telles entreprises. Or, la première
condition de ce retour n'est-elle pas d'obéir à
la loi divine, de rendre à Dieu ce qui lui est
dû, d'observer ce grand précepte du repos hebdomadaire qui résume la pratique de tous les
devoirs de la vie chrétienne, qui donne à
l'homme la possibilité de s'instruire de ses devoirs, de reconnaître le but pour lequel il a été
créé et d'apprendre à respecter, dans la vie de
famille, l'autorité qu'il retrouve sous un autre
aspect dans la vie sociale ?

Quel devoir s'impose là aux classes éclairées,
à tous ceux qui sont placés pour servir d'exemple aux autres ! Des paroles comme celles qui
sont sorties de la bouche du député Bebel, ne
sont-elles pas faites pour les réveiller de leur

indifférence égoïste, pour leur ouvrir les yeux et leur faire honte de leur aveugle complicité ?

Elles arrachaient, il y a peu de temps, au sein de ce même Parlement allemand, à un député progressiste, M. Hoenel, le plus douloureux des aveux. Tout en faisant ressortir la folie de l'agitation socialiste qui s'en prend spécialement à la religion, c'est-à-dire à la plus grande consolation des classes souffrantes, ce député n'hésitait pas à se demander avec tristesse si cette tendance irréligieuse était vraiment née de l'agitation socialiste. Et il répondait avec une courageuse franchise : « Soyons sincères ! c'est de nous qu'elle est venue cette déplorable tendance, c'est de notre littérature à nous, de l'attitude des classes éclairées à l'égard de leurs Églises respectives. »

On l'a redit maintes fois et il est banal de le redire, mais il y a des réflexions qu'il ne faut

pas se lasser de répéter : le grand danger de
ce siècle, grisé par des progrès inouis, em-
porté dans toutes les voies de l'activité humaine
par une fiévreuse ardeur, son grand danger
est d'être envahi, absorbé par les intérêts matériels et de leur subordonner tous les autres
intérêts. Les adversaires les plus déclarés de
toute religion positive n'hésitent pas à le lui
dire et l'avertissent des redoutables conséquences de cette aberration.

Je ne puis résister au désir de citer à ce
propos une page admirable d'Edgar Quinet,
tirée d'un livre où il conclut malheureusement
au rebours de ses propres raisonnements. Le
chapitre est intitulé : *Si l'industrie peut nous
sauver!* Après avoir démontré que l'énergie
spirituelle, morale, diminuant de plus en plus,
en même temps que les forces matérielles
s'augmentent à vue d'œil, ce défaut total d'équi-
libre produirait nécessairement le renverse-

ment et la chute de la dignité humaine, et que l'homme disparaîtrait sous la machine, l'illustre écrivain s'écrie, en s'adressant à ses contemporains :

« Vous comptez trop que la matière toute
» seule vous affranchira, vous rendra l'honneur,
» la dignité, la bonne foi, la conscience, la
» probité, tout ce que vous perdez chaque
» jour. C'est là une illusion ; vous avez beau
» chercher hors de vous votre sauveur dans le
» seul développement de l'industrie, dans une
» machine de bois ou de fer. Vous croyez,
» vous espérez que ces machines vous dispen-
» seront d'avoir vous-mêmes une valeur propre,
» qu'elles vous communiqueront ce qu'elles
» possèdent. Détrompez-vous. Rien au monde
» ne peut vous dispenser d'avoir vous-mêmes
» une âme, une dignité personnelle, le respect
» de vous-mêmes, un caractère, une con-
» science, une parole. Tous les rails de fer,

» toutes les chaudières à hautes pressions ne
» peuvent vous acquitter de l'obligation d'avoir
» vous-mêmes cette trempe invisible, ce res-
» sort interne, ce point moral qui résiste, s'il
» le faut, au poids de l'univers et constitue
» l'être humain. Ni le fer, ni le bois, ni la tôle
» ne vous prêteront leurs vertus. Il faut abso-
» lument que vous ayez les vôtres, celles qui
» caractérisent la nature humaine. Aucune
» machine ne vous exemptera d'être homme.
» Tout au contraire, le développement des
» forces mécaniques exige un développement
» au moins égal des énergies de l'esprit. Mais
» si celui-ci s'endort, se démet, se rapetisse,
» se ravale à plaisir, il ne peut manquer d'être
» écrasé par les forces mêmes qu'il met en
» jeu ; toutes, loin de le servir, se tourneront
» contre lui. Il restera comme enseveli dans
» ce qu'il lui plaît d'appeler sa victoire sur la
» nature. »

On nous dira peut-être, — je veux parler de certains adversaires de l'observation légale du dimanche, — on nous dira : Mais tout cela est fort sensé et il faut applaudir à ces belles paroles de Quinet. Nous ne les contredisons pas, vous êtes dans le vrai ; un repos périodique est nécessaire à l'ouvrier ; que l'on sanctifie le dimanche, rien de mieux ; mais la liberté ne suffit-elle pas pour réaliser ce vœu ? L'initiative privée, l'esprit d'association sont-ils impuissants ? ne peut-on pas se concerter pour assurer la cessation du travail et le repos du dimanche ?

Parmi ceux qui tiennent ce langage, je n'hésite pas à le dire, il en est peu qui le tiennent sincèrement. Non, la liberté ne suffit pas ici. L'Angleterre, les États-Unis, tous les pays où le repos du dimanche est sérieusement observé, l'ont compris. Il faut une mesure générale édictée par le législateur, il faut que

la loi établisse une condition égale pour
tous et qu'elle écarte ainsi l'argument tiré de
la concurrence. Cela est indispensable. On en
a fait la décisive expérience lorsqu'il s'est
agi de protéger contre l'abus du travail l'enfant et la femme. A ce propos aussi, on pré-
tendait que la liberté, que l'initiative privée,
que l'esprit philanthropique, que les sentiments d'humanité et l'intérêt bien entendu des
patrons devaient suffire à cette protection. On
a constaté promptement que l'on s'était trompé
et il a fallu recourir à des dispositions légales.

En définitive, Messieurs, l'expérience nous
prouve que l'on a beau envisager sous tous ses
aspects, creuser, analyser ce que l'on a appelé
le problème social pour en trouver la solution,
l'expérience nous prouve que l'on finit invaria-
blement par rencontrer au terme de cette recherche la pratique du Décalogue, les commandements de Dieu. Ce n'est pas ici question de

religion, mais affaire d'expérience, de bonne
foi, de bon sens, de raison. Quand on va au
fond de toutes les belles promesses, au moyen
desquelles le charlatanisme politique séduit et
trompe le peuple, on constate à quoi elles se
réduisent et il ne faut pas longtemps pour
surprendre le secret de ces faux apôtres de
l'humanité, qui préparent, dans l'avenir, le règne de la fraternité, de la paix, de la félicité
universelles par l'assassinat et l'incendie au
pétrole. On reconnaît alors que si l'empire de
la souffrance, de la misère, de l'ignorance et du
vice peut être réduit, que si les avantages sociaux peuvent être plus universellement et
plus également répartis, que si les mots de
fraternité, de liberté, d'égalité peuvent devenir
des réalités, tout cela n'est possible que par la
pratique des lois morales, c'est-à-dire par le
retour à Dieu. C'est le contraire, malheureusement, que l'on affirme trop souvent devant le

peuple. On affirme qu'il faut déclarer la guerre
à toute religion positive et en proscrire les
ministres pour assurer le triomphe de la démocratie. Hélas ! c'est la démocratie, ce n'est
pas la religion, ce n'est pas le christianisme
que cette guerre met en péril.

C'est la démocratie qu'elle exposerait à de
terribles catastrophes et qu'elle conduirait aux
abîmes. Car la démocratie véritable, celle qui
poursuit l'ascension graduelle et pacifique des
classes inférieures, des populations laborieuses
et souffrantes, de l'ouvrier, du paysan à une
plus grande somme de bien-être, de moralité,
d'instruction, d'influence légitime, la démocratie qui assure la dignité morale et la liberté de
l'ouvrier, le respect du pauvre, la protection
des faibles, celle qui tend à élever et à ennoblir
ce qui est en bas, au lieu de vouloir abaisser ce
qui est en haut pour le courber sous un ni-
veau brutal : cette démocratie est la fille de

l'Evangile et ce n'est pas impunément qu'elle renierait ses origines.

Il est rigoureusement vrai que l'observation du dimanche est essentielle au bien-être du peuple autant qu'à la prospérité de l'industrie. Dans un temps voué, comme le nôtre, au culte des forces démocratiques et des intérêts matériels, c'est la double démonstration qu'il faut faire, parce que c'est celle qui saisira l'opinion publique et qui pénétrera dans les esprits par où ils sont le plus accessibles. Pour atteindre ce but, il importe de diviser les questions et d'en spécialiser l'étude, en s'attachant à des cas particuliers pour établir à la fois les avantages de l'application du précepte et les facilités relatives que comporte cette application.

C'est ce qu'ont fait récemment, pour diverses branches de l'activité industrielle, plusieurs écrits remarquables qui ont prouvé avec la plus

éclatante évidence que le repos dominical est
non seulement plus aisé à généraliser que l'on
ne pensait, mais qu'il tourne à l'avantage même
des industries qui semblaient ne pouvoir pas
se concilier avec sa mise en pratique.

On a pu voir, dans l'Alsace Lorraine, avec
quelle promptitude et avec quelle facilité cette
réforme a été introduite par l'Allemagne dans
certains services des chemins de fer, au lendemain même de l'annexion, sans éveiller la
moindre plainte de la part du commerce et à la
satisfaction générale.

Pourquoi ne profiterions-nous pas d'un tel
exemple? *Fas est et ab hoste doceri !*

La violation systématique du dimanche est
un des tristes privilèges de notre pays, au
milieu de l'Europe et constitue pour nous une
cause permanente de décadence économique
et sociale. C'est le devoir de tous ceux qui par-
tagent cette conviction de porter leurs patien-

tes et actives investigations sur tous les points où l'on peut lutter contre ce mal avec quelque chance de succès et de poursuivre leurs efforts avec discipline et ténacité. Cette cause est assez belle et assez grande pour enflammer les dévouements. N'est-ce pas celle de Dieu et de la patrie ?

III

UN PLÉBISCITE

SUR

LE REPOS LÉGAL DU DIMANCHE[1]

C'est à Berlin aujourd'hui qu'il faut chercher le Sinaï. Les délégués à la conférence internationale vont y réapprendre le Décalogue. L'empereur d'Allemagne vient, en effet, de mettre à l'ordre du jour de l'Europe l'un des principaux commandements de Dieu : la sanctification du jour du Seigneur. Spectacle curieux ! le Parlement, par un vote répété six ou sept fois, avait adopté le repos légal du dimanche ; le pays, sous des formes diverses, s'était pro-

1. Ces pages ont été publiées dans le numéro du *Correspondant*, du mois de mars 1890.

noncé en faveur de la loi, le gouvernement
seul résistait, et, tantôt par son inertie, tantôt
par son opposition formelle, paralysait le Parlement. Le tout-puissant chancelier ne vou-
lait pas de la loi ; aujourd'hui c'est le gouvernement, c'est le souverain lui-même qui,
écartant les obstacles, prend l'initiative et sol-
licite la solution qu'étouffaient ses ministres ;
et il donne pour président à la sous-com-
mission spécialement chargée de la préparer,
qui ? Le prince évêque de Breslau, Mgr Kopp.
Ce coup de théâtre ramène l'attention vers un
fait d'une importance capitale auquel l'opinion
distraite n'a pas pris garde suffisamment en
son temps. Je veux parler du plébiscite organisé par le prince de Bismarck lui-même, en
1885, sur la question de l'interdiction du travail du dimanche. C'est la première fois, en
effet, que l'on a vu cette mesure soumise, dans
toute l'étendue d'un grand empire, à la sanc-

tion populaire. Préparé sans doute dans la pensée qu'il ne ratifierait pas les votes successifs
du Parlement, le plébiscite leur a au contraire
donné la plus éclatante consécration, et, dans
ce temps de suffrage universel, je me demande
si, pour une certaine catégorie d'esprits, il peut
se rencontrer un argument plus irréfutable en
faveur du repos dominical. Le fait mérite donc
d'être mis en lumière, d'autant plus que très
peu de personnes en France le connaissent, et
que l'on surprend fort, paraît-il, ceux à qui on
l'apprend.

Mais avant de parler du plébiscite provoqué
par le prince de Bismarck, il convient de jeter
un coup d'œil sur l'état de la législation alle-
mande, au point de vue du repos légal et de la
sanctification du dimanche, et d'examiner rapidement les phases diverses que cette question
a traversées.

On ne comprendra bien ce qui se passe en ce

moment à Berlin et la charte nouvelle qui va
sortir des débats de la conférence, que si l'on
est instruit de la position de la question.

On doit reconnaître que les divers États con-
fédérés ont, dans leur législation, des dispositions restrictives du travail dominical. En
Prusse, un rescrit royal, du 7 février 1837, accorde aux présidents supérieurs le droit de garantir la sanctification extérieure du dimanche
par des règlements de police. Dans le Sleswig-
Holstein, le Lauenbourg, le Hanovre, on a con-
servé les vieilles ordonnances restrictives de
1803, 1820 et 1822. En Alsace-Lorraine, la loi
française de 1814, abrogée en France, continue à être en vigueur, et elle est appliquée depuis quelque temps avec sévérité. Les autres
États de la confédération ont des ordonnances
analogues. Dans la moitié à peu près des provinces prussiennes et allemandes, le travail
bruyant et public est interdit (quelquefois seu-

lement pendant les offices) ou peut être interdit par la législation existante.

Mais c'était là, dans un empire unifié, un état
de choses tout à fait discordant, et qui a amené
dans la pratique les anomalies les plus étranges.
Depuis vingt ans, les promoteurs de la législation protectrice des ouvriers le signalaient
comme constituant le régime de l'arbitraire,
comme une prime accordée aux patrons sans
conscience, au détriment des patrons bienveil-
lants et consciencieux. Aussi, tous leurs efforts
tendaient-ils à obtenir une législation uniforme. Leurs organes les plus autorisés n'hé-
sitaient pas à déclarer que le vote d'une loi décisive et générale sur ce point était la condition
de l'apaisement au sein des classes ouvrières.

Dès 1869, le député conservateur Braus-
chitsch et les députés démocrates Fritzsche,
Hasenclever, Schweyer proposaient l'interdiction du travail du dimanche au Reichstag de la

Confédération du Nord ; mais, en ce temps, leur motion fut repoussée.

La campagne est reprise au sein du Reichstag allemand dès le début de son existence. Il est saisi, en 1872, d'une première proposition, qui fut reprise dans la législature de 1873, puis en 1877 et 1878, et à toutes les sessions depuis 1881 jusqu'à 1890.

Le débat le plus retentissant eut lieu, comme on vient de le voir dans l'étude qui précède, en 1878.

J'ai cherché à en présenter un résumé aussi précis et aussi vivant que possible.

La motion en elle-même ayant pour objet le repos dominical rencontrait au sein du Parlement, j'en ai fait la remarque, l'adhésion de tous les partis et ne provoquait de divergences que sur son mode d'application.

En dépit des obstacles auxquels elle se heurtait, en dehors du Parlement, dans les sphères

gouvernementales, elle reparaît chaque année.
Le concours de l'opinion publique, les manifestations populaires la rendent en quelque
sorte invincible.

Tandis qu'en France on ne s'occupait de la
question du repos dominical que d'une façon
intermittente, il y a eu en Allemagne une conti-
nuité d'efforts qu'il convient de signaler comme
un enseignement. On voit par un tel exemple
ce que peut une pratique énergique, assidue
du devoir social, et comment triomphent à la
longue les causes les plus combattues.

Pendant que le Reichstag en effet était saisi
de projets de loi destinés à assurer le repos
dominical aux ouvriers, l'initiative du législateur était soutenue dans le pays par une
agitation continuelle des groupes chrétiens.
Dans les assemblées générales des catholiques
qui réunissent chaque année des milliers de
personnes la question du repos dominical figu-

11

rait toujours en tête des revendications catholiques du Centre. Au mois d'août dernier le
Congrès était réuni à Bochum, une des grandes
villes industrielles de la Westphalie. Deux des
principaux orateurs proclamèrent hautement
que la loi du dimanche devait être universellement observée dans le pays. « Avant tout,
s'écria Windthorst devant des milliers d'ouvriers, nous nous efforçons au Reichstag de
faire triompher la sanctification du dimanche »
et cette parole fut couverte d'applaudissements
enthousiastes !

Le Comte Galen, celui-là même qui en 1878
avait déposé au Reichstag un projet de loi sur
le repos dominical, parla dans le même sens à
l'une des séances plénières du Congrès de
Bochum.

« Le Centre, déclara-t-il, aux acclama-
tions d'un auditoire qui réunissait, paraît-il,
dix mille personnes, le centre demande au

gouvernement que les catholiques puissent sanctifier le dimanche conformément aux préceptes de l'Eglise. »

Ces vaillantes revendications n'étaient que l'écho de ce qui se répétait dans les congrès catholiques depuis plus de 20 ans.

Les protestants demandaient avec la même persévérance le respect du troisième précepte du décalogue. La *Christisch-sociale Partei* de Berlin longtemps patronée par le Comte de Waldersee et dirigée par le fameux pasteur Stoecker avait inscrit le repos dominical dans son programme... Le *Synode général* des protestants agissait dans le même sens. Dès l'année 1883 il avait formulé une série de résolutions relatives à cette question, et le grand industriel de Neunkirchen, « le roi Stumm » avait déclaré à cette occasion que la réglementation législative du travail dominical était une question mûre pour recevoir une solution.

De leur côté les socialistes, qui avaient appuyé dès l'origine la motion dans le Parlement n'ont jamais cessé de la reproduire dans leurs réunions et dans leurs résolutions.

Lors des deux grands congrès socialistes, celui des marxistes et celui des possibilistes, qui ont eu lieu à Paris en 1889, à l'occasion de l'Exposition universelle, les socialistes allemands qui prirent part au débat persévérèrent dans leur attitude.

Parmi les résolutions votées dans les deux congrès figurent : un jour de repos par semaine et l'interdiction du travail les jours fériés.

Et il n'est pas sans intérêt de remarquer que jamais ni les socialistes, ni les progressistes Allemands n'ont contesté, à propos du repos hebdomadaire, le choix du dimanche. Les débats sur ce point sont particuliers à la France. Au cours des longues discussions qui ont eu lieu au Parlement allemand durant près de dix-huit ans, je ne me souviens pas d'avoir recueilli une seule objection formulée contre le dimanche ni un témoignage d'hésitation quant à la fixation de ce jour, et il en a été de même dans la presse et au sein des assemblées populaires. Il semble qu'il ne soit venu à l'esprit de personne d'aller à l'encontre du sentiment et de la pratique des chrétiens. Mais comment se peut-il qu'un mouvement aussi général, aussi persistant, aussi considérable que celui qui a eu pour objet l'interdiction du travail du dimanche ait été tenu en échec pendant tant d'années ?

On n'en peut donner qu'une seule explication : l'hostilité du prince de Bismarck envers tout projet de ce genre.

Dans la séance du Parlement allemand du 28 novembre 1885, la même motion ayant été présentée, le chancelier prit la parole jusqu'à cinq fois pour la combattre. On ne pouvait, d'après lui, imposer le repos dominical à l'ou-

vrier et lui faire perdre un jour de salaire, alors
qu'on ne lui donnait pas l'équivalent. Il fit,
toutefois, au cours du débat, cette importante
déclaration, que s'il lui était démontré que
les ouvriers eux-mêmes demandaient le repos
légal du dimanche, il cesserait son opposition
et appuyerait les revendications du Reichstag
auprès du Bundesrath. (On sait que le Bundesrath, composé des délégués des États con-
fédérés, joue le rôle d'une seconde Chambre
et a le droit de véto.) Il était indispensable, disait le chancelier, d'entendre les patrons et les
ouvriers, c'est-à-dire les intéressés : on ne pouvait rien décider sans leur avis.

Quelques jours après cette séance, le Reichstag se séparait et, sans qu'on le lui demandât,
le prince de Bismarck organisait une vaste enquête dans tout l'empire sur la question du
repos dominical. Il lançait, le 5 juin, une
circulaire qui déterminait les conditions

dans lesquelles aurait lieu cette enquête, et qui était accompagnée d'un questionnaire.

Les travaux de l'enquête ont duré deux ans, et ce n'est que vers la fin de 1887 que le rapport général a pu être soumis au Reichstag ; on devait consulter les organes existants de l'industrie, les Chambres de commerce, les sociétés industrielles, les corporations, et enfin les ouvriers eux-mêmes et leurs représentants.

Le chancelier donnait les indications générales et laissait à chaque État le soin de déterminer les voies et moyens de l'enquête. Il y a eu, à ce point de vue, une grande variété dans la manière d'opérer ce grand travail, dont le résultat a été consigné dans trois volumes in-folio.

L'enquête avait été faite pour savoir si le repos légal du dimanche était possible, s'il était désiré, s'il était demandé par les intéressés.

Or le pays a répondu de la façon la plus nette à la question que le chancelier lui posait et

aux doutes qu'il avait manifestés. Il en avait
appelé aux patrons et aux ouvriers, et, bien que
l'on pût craindre que l'enquête eût été faite
sous l'influence des discours du chancelier, de
ses idées préconçues et de ses préventions par
une administration trop complaisante le verdict
a été décisif. Il a donné raison au Parlement
et s'est prononcé pour le repos légal du dimanche.

··· D'après les communications elles-mêmes du
gouvernement impérial, l'interdiction absolue
ou restreinte a été reconnue possible, par 67
pour 100 des patrons et 75 pour 100 des ouvriers, dans la grande industrie ; par 59 pour
100 des patrons et 73 pour 100 des ouvriers,
dans la petite industrie ; par 68 pour 100 des
patrons et 78 pour 100 des ouvriers, dans le
commerce.

Ainsi, plus des deux tiers des entrepreneurs
et des patrons, plus des trois quarts des ou-

vriers admettent la possibilité de l'interdiction
du travail et demandent la réglementation légale. Les ouvriers renoncent eux-mêmes au
salaire du septième jour et demandent à jouir
du repos dominical.

J'ajoute que l'enquête a donné d'intéressantes indications sur la mesure dans laquelle le
repos dominical est observé actuellement en
Allemagne.

Elle a établi que, dans la grande industrie,
sur le nombre total des usines, 49 pour 100, et
sur le nombre des ouvriers, 29 pour 100,
travaillent le dimanche ; que, en ce qui
touche les industries à domicile, sur le nombre des ateliers, 47 pour 100, sur le nombre
des ouvriers, 41 pour 100, continuent à travailler; enfin, que dans les professions commerciales, 77 pour 100 des maisons et 57 pour
100 des employés n'observent pas le repos dominical.

A la suite de l'enquête, et sans attendre la communication du gouvernement, le Reichstag avait décidé qu'à partir du 1er avril 1890 les femmes ne pourraient plus être employées le dimanche dans les usines ou ateliers, et que les femmes et les enfants cesseraient le travail le samedi, à partir de six heures ; mais le Bundesrath ne consentit point à ratifier ce vote.

Le 15 février 1888, forts des résultats de l'enquête, armés du plébiscite provoqué par le chancelier lui-même, les députés Lieber et Hitze proposaient une fois de plus au Parlement la motion relative au repos légal du dimanche. Adoptée à l'unanimité par la commission, elle était votée à une très grande majorité par l'assemblée, en troisième lecture. Le gouvernement n'intervint pas dans ces débats, non plus que dans ceux du 25 novembre 1887.

Le véto du Bundesrath se produisit invaria-

blement! Son représentant au Reichstag se
borna, pour justifier une si étrange opposition,
à déclarer que cette assemblée n'avait pu
acquérir encore la certitude que le travail dominical ait pris de telles proportions que l'intervention de la législation de l'empire fût
nécessaire, et il ajouta que l'interdiction du
travail dominical pourrait avoir des conséquences fort graves pour l'industrie indigène.
C'est en vain que les promoteurs de la loi, que
l'illustre Windthorst, en particulier, firent observer que la nation elle-même avait vidé ces
questions, non seulement par l'organe de son
Parlement, mais par son vote direct. Quel
était l'inspirateur du véto ? Chacun le nommait.

La presse du chancelier était entrée en campagne aussitôt après la première lecture de la
loi. Le *Norddeutsche Allgemeine Zeitung* avait
publié un long article contre le repos dominical,
article vivement relevé par le pasteur Stœcker

dans une séance au Parlement, et peu de temps
après la *Kœlnische Zeitung* déclarait catégori-
quement que le Bundesrath n'approuverait pas
la décision du Reichstag. On se heurtait à la
volonté de l'homme de fer.

Mais quels étaient au fond les mobiles qui
dictaient au chancelier cette implacable opposition, au chancelier si prompt à parler à
tout propos de son respect pour la loi divine
et à invoquer le nom et la protection du Tout-
Puissant en faveur de l'Allemagne ?

Un homme politique très avisé, qui siège
au Parlement allemand, les résumait ainsi, l'an
dernier, dans une conversation à laquelle nous
assistions : « Il faut, disait-il, partir de cette
donnée, que le prince de Bismarck est hostile
à toute nouvelle législation protectrice des ouvriers. Ensuite il ignore les conditions de l'industrie ; de là ses idées fausses sur l'extension
du travail dominical et sur les conséquences

économiques de l'interdiction de ce travail.
D'autre part, il s'échauffe pour les assurances
ouvrières, qui constituent son idée propre,
tandis que la législation protectrice est due à
l'initiative du centre et des démocrates, qu'il
déteste également. Enfin, comme il veut apaiser les industriels, mécontents des sacrifices
que leur font supporter les assurances ouvrières, il se pose en défenseur des industriels en
face des promoteurs de la législation protectrice. »

Il est certain que le langage tenu par le
chancelier dans les débats sur la motion relative au repos légal du dimanche est le même
que tenaient au Parlement certains grands industriels. Mais si le chancelier s'est montré
opiniâtre, le Parlement ne l'a pas été moins
que lui, et rien n'a pu triompher de son obstination. Le 25 novembre dernier, il discutait et
votait encore une fois le même projet de loi

présenté par les députés Lieber et Hitze, qui
introduit le repos légal du dimanche sous la
forme d'une modification à la *Gewerbeordnung*
ou code industriel [1].

1. Je crois devoir donner le texte des modifications
proposées au § 105 du code industriel : « § 105*a*. Les
chefs d'établissements ne peuvent contraindre les ouvriers à travailler les dimanches et les jours fériés. Les
gouvernements des États particuliers déterminent, en
tenant compte des circonstances locales et confession-
nelles, quels jours comptent comme jours fériés. § 105*b*.
Les ouvriers ne peuvent être employés le dimanche et
les jours de fête dans l'exploitation des mines, des sali-
nes, des carrières et des fours pour hauts-fourneaux, des
fabriques et ateliers, dans les chantiers de construction
de toute espèce. Dans les professions commerciales, les
aides, apprentis et ouvriers ne peuvent être occupés les
dimanches et jour fériés plus de cinq heures. Les heures pendant lesquelles ils peuvent être occupés, sont fixées
par les autorités locales. La fixation peut être différente
pour les diverses branches de commerce. La police locale, avec l'assentiment des autorités supérieures, peut,
pour certaines branches, autoriser une augmentation des
heures de travail, pendant la durée de quatre semaines
au maximum. § 105*c*. Les dispositions du § 105*b* ne sont
pas applicables : 1° aux ouvriers occupés au nettoyage et
à la mise en état nécessaires pour   marche régulière

Ses promoteurs, appartenant à la fraction du centre, avaient d'abord songé à des dispositions plus étendues pour favoriser l'exercice du culte, mais ils ont cru devoir formuler leur proposition de façon à rendre l'entente plus facile entre les divers groupes du Parlement.

Leur espoir n'a pas été trompé, puisque la motion a été votée déjà en novembre 1888, non seulement par le centre, mais par les conservateurs, les progressistes et les socialistes.

d'une exploitation ou employés à prévenir la détérioration de matières brutes ou de produits fabriqués, ou à éviter un grave dédommage; s'il survient un besoin imprévu d'employer des ouvriers le dimanche ou les jours fériés, la police locale peut accorder une autorisation pour une durée de deux semaines, les autorités supérieures une autorisation pour une durée de six semaines, par exception aux dispositions du § 105b, 1er alinéa. Chaque autorisation de cette nature doit être donnée par écrit. La police locale est tenue d'enregistrer les dispenses qu'elle accorde dans ces conditions et d'en faire parvenir la liste aux autorités supérieures, tous les mois. »

On ne s'expliquerait peut-être pas la persévérance courageuse, intrépide, avec laquelle a
été menée cette campagne au sein du Parlement allemand, si l'on ne connaissait au moins
quelques-uns des hommes qui ont pris en
mains la cause du repos dominical.

Il en est un qui mérite d'être tout particulièrement signalé, parce qu'il a une physionomie
à part, et donne quelque idée du rôle si considérable que joue aujourd'hui le prêtre en Allemagne dans les questions sociales. Il a attaché
son nom à la motion : c'est l'abbé Hitze.

Le lecteur ne m'en voudra pas de tracer ici,
de ce jeune prêtre, un crayon rapide.

Simple vicaire (*Kaplan*) de München-Gladbach, il s'est créé une situation telle que, récemment, l'empereur n'hésitait pas à l'appeler
au conseil d'État. Depuis une dizaine d'années,
il est membre du Reichstag et du Landtag prussien, et dans les deux Parlements, son inter-

vention est surtout fréquente, quand une question ouvrière est à l'ordre du jour. On le voit alors conférer avec son maître et ami Windthorst, et rien n'est étrange comme de voir ensemble la petite Excellence et le député géant d'Eilenkirchen.

L'abbé Hitze est grand comme Bismarck ; et, ce qu'il y a de frappant, c'est que ce colosse se présente avec une figure rose et fraîche, que des lunettes d'or réussissent à peine à viriliser.

Son timbre de voix n'a pas non plus cette gravité et cette sonorité que fait supposer une si forte carrure. Mais cet instrument, si frêle en apparence, il le manie avec une admirable dextérité. A la tribune de la Chambre, il domine facilement le murmure des séances orageuses ; dans les congrès catholiques, dont il est l'un des principaux orateurs, il parvient même à se faire entendre par les

12

milliers de personnes qui sont entassées au pied de l'estrade.

Les travaux parlementaires n'absorbent point toute l'activité de l'abbé Hitze. C'est avant tout un homme pratique, et il s'efforce de traduire en œuvres sociales et ouvrières les théories économiques qu'il défend à la tribune du Parlement et des congrès. Il y a environ neuf ans, il a créé, de concert avec des économistes comme Mgr Moufang, Hertling, Brandts, etc., une *association d'industriels catholiques et d'amis de l'ouvrier* appelée *Arbeiterwohl Verband*. Le nom du *Verband* indique suffisamment son but et son ambition. Il s'agit de montrer les moyens par lesquels les patrons peuvent contribuer au bien-être matériel et moral de leurs ouvriers. L'*Arbeiterwohl* publie, depuis son origine, une revue portant le même titre, et elle est rédigée par l'abbé Hitze, qui est en même temps secrétaire général de l'Association. Il a trouvé à München-Gladbach des patrons admirables : MM. Brandts, et ils ont créé ensemble une série d'institutions ouvrières dont la généralisation serait le meilleur remède apporté à l'agitation socialiste. Ces fabriques de MM. Brandts sont des établissements modèles dans toute l'acception du mot. On a tout fait pour créer aux ouvriers une atmosphère capable de les préserver de la contagion du socialisme, et on y a réussi[1].

Revenons à la discussion qui a eu lieu au parlement allemand, le 25 novembre dernier, pour insister encore sur le trait qui l'a caractérisée, c'est-à-dire sur l'accord de presque toutes les fractions de l'assemblée. On y a entendu successivement, après l'abbé Hitze et l'abbé Winterer, qui a prononcé un remarquable discours, M. Schrader, progressiste ; Duvigneau, national libéral ; le pasteur Stœcker ;

1. Note F. voir *Appendice*.

le socialiste Meister : et tous, sauf quelques ré-
serves de détail, ont appuyé la loi ; le pasteur
Stœcker déclarant que l'attitude évasive du
gouvernement, dans ce débat, est pleine de
péril, et insistant encore sur la corrélation qui
existe entre l'athéisme pratique et le socialisme, conséquences de la profanation du dimanche, et le socialiste Meister s'étonnant
ironiquement que le Bundesrath persévérât,
en présence du vote du Parlement, dans une
attitude qui ne pourrait s'expliquer que si elle
était prise par les socialistes. Un autre enseignement qui avait déjà frappé les esprits dans
les délibérations précédentes, est sorti de ce
débat avec une force toute nouvelle : c'est
qu'il faut une mesure générale, c'est qu'il faut
que la loi établisse une condition égale pour tous.

Au moment où avaient lieu cette grande discussion et le vote en première lecture, le Parlement pouvait-il s'attendre aux destinées nou-

velles qui allaient s'ouvrir tout à coup devant
cette proposition qu'il avait tant de fois dé-
battue et adoptée en vain? Pouvait-il s'attendre à voir la motion relative au repos légal
du dimanche entrer triomphante par une
porte dans le palais de la chancellerie, et le
prince de Bismarck en sortir par une autre,
déchu de toutes ses fonctions et dignités?

Quoi qu'il en soit, le lecteur a devant les
yeux, à présent, l'état de la question en Allemagne, au moment où l'initiative impériale est
venue la soumettre aux délibérations d'une
conférence internationale.

Allons-nous enfin voir cesser en Europe
cette profanation, dont les conséquences sociales sont si graves? Va-t-on comprendre que,
pour remédier au formidable antagonisme qui
divise et bouleverse la société contemporaine,
il n'y a pas d'autre moyen que le rétablissement de la loi morale?

Ce qui est certain, c'est qu'il se produit en ce moment, dans presque tous les pays de l'Europe, un mouvement spontané et général en faveur du repos légal du dimanche.

Tandis que le gouvernement fédéral suisse conviait à Berne les gouvernements des États industriels de l'Europe, pour arrêter les points principaux d'une législation internationale du travail et inscrivait au premier rang l'interdiction du travail du dimanche, le gouvernement belge introduisait, à ce point de vue, dans les services des télégraphes et des postes, les plus importantes réformes. En Hollande, l'un des journaux libéraux les plus influents, le *Nieuwe Rotterdamonache*, vient de supprimer le travail du dimanche dans ses ateliers, en constatant qu'il ne résiste pas à une idée qui partout gagné du terrain. En Russie, des pétitions venues de tous les points de l'Empire, sont adressées au Saint-Synode, demandant la fermeture obligatoire le dimanche de tous les magasins et de toutes les fabriques. Dans notre pays, les Chambres de commerce, celle de Paris en tête, se prononcent pour le repos dominical; une ancienne association, fondée pour atteindre ce but, vient de renaître sous les auspices de MM. Chesnelong et Keller; et à la suite du congrès international du repos hebdomadaire tenu à l'Exposition universelle, une ligue populaire a été également constituée pour le repos du dimanche, ayant à sa tête MM. Jules Simon et Léon Say.

Le déclin de ce siècle, qui aura vu de si prodigieux asservissements à l'empire de la matière, verra-t-il se produire quelque affranchissement des âmes? Cherchera-t-il dans cette voie la solution des redoutables problèmes qui l'assiègent?

Il y a longtemps que les États-Unis d'Amérique, c'est-à-dire le pays du monde où le droit de tout homme de rendre un culte à Dieu, selon sa conscience, ou de ne lui en rendre aucun, est le plus hautement proclamé, signalent à l'Europe l'inobservation du dimanche non seulement comme constituant une offense à la religion, mais comme ayant l'action la plus pernicieuse sur la société.

Il semble que l'on soit enfin disposé à tenir compte de cet avertissement. L'histoire des efforts tentés en Allemagne pour faire prévaloir l'observation du repos dominical, nous offre dans tous les cas, un épilogue bien instructif. La question avait déjà fait un pas considérable au Congrès de Berlin. Aujourd'hui, par ordre de l'Empereur, un projet de loi vient d'être soumis au Parlement qui dépasse de beaucoup les réformes si opiniâtrement et si vainement adoptées par lui jusqu'à présent. Il s'était agi constamment, en effet, d'une modification à l'ordonnance industrielle, aux termes de laquelle les patrons ne pourraient astreindre les ouvriers au travail les dimanches et jours fériés, sauf pour des travaux qui, en raison de la nature de l'industrie, ne comportent ni ajournement ni interruption.

D'après le projet présenté au Reichstag en ce moment, le repos du dimanche *devient obligatoire* pour les ouvriers employés dans la plupart des industries.

Tel est le dénouement de la longue lutte soutenue par le Parlement, sorte de drame singulier, émouvant, grandiose par certains côtés, dont les interminables péripéties n'avaient pour objet rien moins que la victoire ou la défaite du Décalogue et qui a eu pour acteurs tour à tour le Parlement, le peuple, un ministre omnipotent et l'Empereur lui-même. C'est, au demeurant, le plébiscite si inconsciemment organisé par le prince de Bismarck qui a eu le dernier mot contre son auteur et il se trouve que ce dernier mot est un hommage rendu à la loi divine.

IV

DES CONDITIONS DE LA PAIX SOCIALE [1]

La paix sociale a deux ennemis mortels,
deux vices dont l'un ferme et endurcit le cœur
de ceux qui détiennent les biens de la terre et
dont l'autre pousse au murmure, à la haine et
à la révolte ceux qui en sont privés : l'égoïsme
et l'envie.

Je les vois ici tous deux vaincus et c'est
le spectacle qui me frappe tout d'abord.
Je vois dans cette assemblée la plus éclatante
manifestation de la fraternité chrétienne, toutes les classes, tous les rangs rapprochés,
confondus, prêts à s'entr'aider, placés sur le

1. Discours prononcé dans l'assemblée régionale des
cercles catholiques d'ouvriers de Normandie en 1888.

pied d'une parfaite et cordiale égalité, ouvriers et patrons, propriétaires et fermiers, humbles et puissants. Et cette victoire, comment a-t-elle été remportée, messieurs, où en avez-vous cherché le secret? Vous l'avez trouvé dans l'Evangile, et vous ne pouviez le trouver ailleurs, car on peut hardiment affirmer la vérité de ces deux propositions : que si l'on ne triomphe pas de l'égoïsme et de l'envie, toute solution du problème social est impossible, et que ce triomphe lui-même ne peut être obtenu que par la pratique des préceptes évangéliques. Eh, messieurs, la seule pratique de ces préceptes ne suffirait-elle pas pour guérir les neuf dixièmes des maux dont souffre l'humanité ? Les formules des doctrinaires et les revendications anarchiques ne referont pas une humanité nouvelle. Ce n'est ni la politique, ni les lois, ni la science elle-même, quoi qu'on en dise, qui guérira les plaies

sociales : c'est le retour à la loi divine, parce
qu'il n'y a pas de progrès social qui ne procède d'un progrès moral, et que la source de
tout véritable progrès moral est là.

Il faut bien le reconnaître, ces grands problèmes avec lesquels nous sommes aux prises,
l'Évangile les a résolus une première fois, il
les résoudra une seconde, et on ne les résoudra pas sans lui, selon la parole célèbre
d'un des plus éminents économistes de ce
temps, Frédéric Bastiat. La pensée qui a inspiré la grande œuvre fondée par le comte de
Mun, la voilà. C'est l'honneur de cette œuvre
d'avoir tourné de plus en plus l'attention publique de ce côté, et dans un siècle où les
idées superflues surabondent et qui manque des idées nécessaires, d'avoir cherché à
lui inculquer celle-ci, d'avoir donné la solution de la question ouvrière pour but au
commun effort de tant d'âmes généreuses, dont

l'activité cherchait un objet digne d'elles.
Assurément la tâche est vaste et bien des concours sont désirables. Outre les maux communs à tous les âges, notre siècle en connaît
qui lui sont propres et qui dérivent à la fois
de la transformation opérée dans les procédés
de travail et dans les moyens de transport, et
d'un état social bouleversé par les révolutions.
Pour s'attaquer à ces maux, il se produit une
série d'efforts qui, tout en s'exerçant dans des
directions différentes et en mettant en œuvre
des moyens variés, visent en somme un but
identique. Ce sont les divers corps d'une même
armée qui obéissent à la même pensée, et
combattent le même ennemi, tout en gardant
leur tactique et leur armement particuliers.
Ainsi en est-il des associations, des centres
d'action dont le sentiment chrétien a provoqué l'établissement depuis quelques années,
dans notre pays. Distincts par leurs tendances,

ces groupes, ces écoles, sont en communications cordiales et se complètent réciproque-
ment, et il faut souhaiter qu'un entier esprit
de concorde ne cesse de les animer.

Mais, si les maux sont nombreux, c'est vainement, messieurs, que l'on se flatterait de
leur opposer un remède unique, une formule
merveilleuse, une panacée. Les remèdes existent, mais variés, accommodés aux milieux
différents, aux hommes, aux choses, aux cli-
mats, aux habitudes, aux industries. Est-ce
tout que de les découvrir, et même que de
chercher à les appliquer ? Non, ce n'est pas
tout ; je dirai même que les découvrir ne
servirait à rien, si l'on ne s'était pas assuré
le concours des quatre grands agents, des
quatre facteurs dont l'intervention est indispensable pour résoudre le problème social,
je veux dire : l'ouvrier, le patron, l'Etat, la
Religion. C'est le rôle de ces divers agents que

je voudrais examiner successivement avec vous aujourd'hui, parce que cette étude est la synthèse des débats auxquels donne lieu le problème dont vous venez de vous occuper.

Et d'abord l'ouvrier.

Rien ne saurait le dispenser de l'effort personnel, de l'effort moral qu'il doit faire pour améliorer sa condition.

Dans le régime actuel, une des causes principales de sa situation précaire, c'est, outre son isolement, son imprévoyance et sa défiance envers ses chefs. On s'attache à guérir ces deux plaies en lui donnant l'habitude de l'épargne et en solidarisant le plus possible ses intérêts avec ceux des patrons. Et pour atteindre ce résultat, l'un des meilleurs modes n'est-il pas le fractionnement du salaire en deux parties : l'une, le salaire proprement dit, payée au jour le jour, représentant la part de la consommation individuelle, l'autre versée en une fois, sous forme de primes, de participations aux bénéfices, de subventions, de dividende de sociétés coopératives, d'amortissement de loyer, permettant l'épargne et la constitution d'un patrimoine personnel? Il est certain que ce patrimoine, une fois constitué, fait sortir l'ouvrier de sa condition précaire et sert de point d'appui à tout un ensemble d'institutions tutélaires, destinées à le défendre contre les maux qui menacent son existence, à venir en aide à sa veuve ou à ses enfants.

Votre pensée me devance ici, et vous nommez le puissant instrument d'action auquel l'ouvrier doit nécessairement recourir pour réaliser ces institutions, je veux dire l'association. Vous avez placé avant tous les autres, le souci, la préoccupation de développer cette force, si longtemps paralysée dans notre pays, et c'est d'elle que vous attendez la fin d'un état de choses où l'individu est perdu et

13

annihilé, où le faible est sacrifié au milieu d'immenses agglomérations factices, c'est d'elle que vous attendez la reconstitution d'unités vivantes, ordonnées, et par cela même un groupement nouveau des intérêts, un cadre, des liens, des racines, en un mot toutes ces choses qui manquent à une société dont on peut dire qu'elle est en l'air. Vous avez mille fois raison.

Le mouvement corporatif est à l'ordre du jour ; et par là il ne faut pas entendre la corporation obligatoire, mais la libre association professionnelle, compatible avec les conditions économiques modernes, et qui peut revêtir les formes les plus diverses.

Il n'entre pas dans mon dessein d'insister sur un sujet qui a été traité souvent. Je veux seulement faire remarquer que l'association est possible sous la législation présente, bien que cette législation soit loin, hélas ! de répondre à ce que nous souhaitons.

La loi récemment votée sur les syndicats peut être mise à profit. Il serait périlleux de la laisser exclusivement entre les mains des agitateurs socialistes, et, dans le même moment où l'on réclame de nouvelles améliorations législatives, de négliger d'utiliser complétement celles qui existent déjà.

Cependant, même avec le puissant instrument dont il dispose dans l'association, l'ouvrier a besoin d'être aidé, il a besoin du concours de celui qui détient le capital, du patron.

Vous n'avez pas oublié, combien les sociétés de production, de consommation, de crédit, créées par les ouvriers, ont été souvent des déceptions. Là où elles ont eu le plus de succès, c'est quand elles se résumaient dans un homme d'une intelligence et d'une activité exceptionnelles, auquel ses associés ont dû

laisser une autorité et une stabilité nécessaires à sa bonne gestion.

En fait, l'initiative, le bon vouloir, la coopération des patrons sont indispensables. Par ses
subventions, telles que le chauffage, le logement, l'écolage, les soins médicaux, il régula-
rise les ressources de la famille ouvrière ; par
l'organisation des salaires, il facilite l'épargne
de cette famille, et l'associe à la prospérité de
sa maison ; par ses sacrifices, il vient en aide
aux institutions dont il provoque la formation
entre les intéressés, telles que les caisses de
secours, les caisses de retraite, peut-être de
chômage, les hôpitaux, les écoles ordinaires,
et ces écoles professionnelles qui sont la condition et l'instrument d'un progrès régulier.

Autant par une obligation de conscience
que par des considérations d'intérêt bien entendu, le patron est tenu de venir en aide à
l'ouvrier.

L'idée du pouvoir industriel ne va pas sans l'idée du patronage c'est-à-dire, pour la chose comme pour le mot, du *dévouement paternel*.

L'expérience, d'accord avec l'humanité et la justice, a démontré au chef d'industrie que son intérêt n'est pas d'user de l'ouvrier à merci, et que toutes les institutions, toutes les mesures qui ont pour but d'assurer le bien-être de son personnel constituent à la fois pour lui un devoir et une fructueuse spéculation. Permettez-moi, messieurs, d'évoquer ici un souvenir qui m'est personnel.

J'ai eu l'honneur de remplir, à l'exposition universelle de 1867, les fonctions de secrétaire du jury spécial. J'avais été appelé à ces fonctions par l'affectueuse confiance d'un homme dont le nom est devenu célèbre, d'un homme qui avait voué sa vie à l'étude des questions sociales et qui avait été amené par l'étude impartiale des faits à la foi religieuse.

Il n'avait voulu se rendre qu'à l'évidence, et c'est l'évidence qui lui a démontré que, pour les individus comme pour les nations, le dernier mot, en toutes choses, appartient à l'observation des commandements de Dieu.

Le jury spécial qui était une conception favorite de Frédéric Le Play avait pour objet une vaste enquête sur la condition de l'ouvrier dans les deux mondes.

L'idée était venue de placer, en regard des produits exposés dans le Palais, la situation de ceux qui en sont les auteurs, de montrer dans quelle mesure tant d'obscurs et patients travailleurs ont recueilli le bénéfice de l'immense progrès dont ils étaient les instruments.

J'ai dépouillé, en qualité de secrétaire de ce jury, des centaines de dossiers arrivés de tous les points du monde, renfermant les informations les plus détaillées sur les établissements et les localités où règne au degré le plus éminent le bien-être et l'harmonie sociale.

Eh bien ! messieurs, savez-vous quelle est la conclusion qui est ressortie pour moi de ces nombreux dossiers ? c'est la démonstration éclatante de l'indissoluble accord qui existe entre le devoir et l'intérêt, entre l'honnête et l'utile ; c'est la démonstration de ce fait que l'intérêt des patrons, loin d'être en opposition avec l'application de la loi morale, s'accorde merveilleusement avec elle et que le succès de leurs entreprises n'a pas de meilleure garantie ; c'est en un mot qu'il n'y a qu'un seul idéal à poursuivre dans toutes les situations humaines, et que ce but est le même quand il s'agit du régime manufacturier : je veux dire l'application des principes du christianisme.

Et, ce qui est bien fait pour impressionner dans cette manifestation, c'est qu'elle

émane de tous les points de l'horizon, c'est
qu'elle nous est fournie par des hommes pour
la plupart inconnus les uns aux autres, par
des hommes appartenant à tous les pays, à
toutes les croyances, à toutes les opinions,
par des hommes qui vivent dans des milieux
sociaux essentiellement différents, et sont
sortis des conditions les plus diverses. Une
circonstance fortuite leur a fait prendre la parole ; ils viennent déposer dans une enquête
solennelle, apporter le fruit de leur expérience ; et il se trouve que leur langage est le
même.

Cette démonstration, vous êtes bien inspirés, en vous attachant à la rendre chaque
jour plus saisissante, en apportant en sa faveur
des faits, des exemples nouveaux. Oui, il
faut faire apparaître à tous les regards qu'il
existe des milieux où l'on a satisfait aux besoins spéciaux de la vie industrielle moderne,

où l'on a remédié aux maux et aux périls qu'elle
engendre, où l'on ignore les conflits, où l'on
sait encore ce que c'est que l'échange mutuel
des services, où les patrons ont pris hardiment l'initiative des mesures les plus généreuses; il faut montrer, en un mot, ce que
peuvent, ce que font le patronage, la puissance
individuelle combinée avec le principe d'association.

Ah! que la question ouvrière serait bien
près d'être résolue, si tout chef d'industrie
éclairé, convaincu par ces démonstrations,
par ces exemples, pratiquait son devoir; mais
il faut bien reconnaître qu'il n'en est pas ainsi,
et que l'oubli de ces devoirs du patron, du chef
d'industrie, est la première justification de
l'intervention de l'État.

Cette intervention devient ainsi nécessaire.
L'État doit protéger le faible, il doit empêcher
que l'industrie abuse des forces humaines,

qu'elle exploite la femme, l'enfant. L'avenir de la nation est ici en cause.

Favoriser l'effort que tente l'ouvrier pour améliorer son sort ; aider l'initiative du patron quand elle s'exerce dans ce but ; faciliter par une bonne législation l'essor de l'association, de façon à ne pas condamner les individus à rester isolés, impuissants ; assurer dans une plus large mesure la liberté des fondations ; se méfier moins des personnes juridiques et des libéralités qu'elles reçoivent ; simplifier leur constitution et leur administration, afin que le patrimoine de l'association puisse être plus aisément établi et géré, voilà quelques-unes des préoccupations principales dont l'État doit s'inspirer.

Faut-il aller beaucoup plus loin ? Admettre une immixtion plus large de sa part ? Ne serait-ce pas là une tendance dangereuse ? Pour ma part, je pense que l'intervention de

l'État doit être réduite aux seuls intérêts généraux qui ne seraient pas assurés sans lui. Si
les défaillances de l'initiative individuelle rendent inévitable son intervention, c'est à la
condition qu'elle soit limitée et qu'elle s'efface
quand elle aura produit son effet. Je ne parle
pas ici pour d'autres pays, je parle pour notre
nation. L'État n'est que trop enclin, en France,
à tout envahir. Dans un pays malheureusement si divisé, si remué par les révolutions
successives, si peu stable, il y a des périls de
toute sorte à exagérer l'intervention législative
de l'État et notamment à la provoquer dans les
rapports entre patrons et ouvriers. Les principes chrétiens n'étant plus unanimement admis et le contre-poids de fortes institutions
politiques faisant défaut, on glisserait inévitablement dans le socialisme d'État, avec sa discipline de caserne, avec ses tracasseries de tous
les jours, ses tyrannies locales, sa vaste et

coûteuse bureaucratie, l'étouffement de toute initiative et de tout progrès individuel.

Le suffrage universel imposerait de plus en plus au Parlement des mesures oppressives contre une classe de citoyens : les patrons, et un aliment de plus serait donné à l'esprit révolutionnaire. Les faits démontrent combien la contrainte, à elle seule, est généralement inefficace, et combien tout ce qui ne s'appuie pas sur l'initiative individuelle, combien tout ce qui est purement administratif, est artificiel, insuffisant et le plus souvent stérile.

Il y a d'autre part un grand danger à faire entrer dans l'esprit des masses l'idée qu'il existe un remède législatif aux plaies sociales, et que tout ce qui est légal est légitime : c'est l'erreur et le danger des démocraties. En donnant aux peuples ces fausses notions, on prépare des déceptions, ou des iniquités sous couleur de loi. La loi ne peut pas tout. Elle n'est plus la loi, quand elle cesse d'être conforme à la loi suprême.

Cependant l'effort combiné des trois facteurs laïques que je viens de signaler resterait impuissant s'il n'était secondé par la première des forces sociales, la force morale et religieuse.

Je suppose, en effet, la condition de l'ouvrier, transformée selon nos vœux, améliorée de la façon la plus sensible, tout dépendra encore de l'usage qu'il fera de ses ressources augmentées, de ses loisirs accrus et du point de vue auquel il se placera pour envisager sa condition, même améliorée.

On n'aura rien fait pour lui, si on ne lui a pas appris à bien user de ces ressources, c'est-à-dire à gouverner sa vie d'après les notions du devoir et à accepter sans envie et sans irritation des inégalités sociales, qu'il sera toujours impossible de faire disparaître, même sous un régime où les avantages sociaux seraient plus universellement répartis.

En tournant ses regards vers un idéal supérieur à la vie animale, en assignant à ses labeurs, à ses efforts, leur but véritable et suprême, la religion seule peut lui donner la force de réprimer ses convoitises et ses passions, et l'accoutumer à pratiquer les vertus domestiques, sans lesquelles il n'y a ni foyer, ni famille.

Le rôle de l'Église, qui représente cette force morale du clergé qui en est l'organe, est ici décisif. La présence, dans cette assemblée, de prêtres éminents et dévoués est la meilleure preuve de l'intérêt qu'éveille dans le corps ecclésiastique la question ouvrière.

En résumé, plus on étudie cette question dans notre pays, plus on voit se multiplier des manifestations comme celles dont nous sommes témoins aujourd'hui, plus on doit se persuader, ce me semble, qu'il ne faut faire appel à la contrainte légale que là où la pratique du devoir social est impuissante ou fait défaut, qu'en France l'influence prépondérante doit appartenir aux œuvres d'initiative privée, à l'action des patrons, à la puissance individuelle combinée avec le principe d'association ; plus on constate que la solution de la question sociale doit être cherchée bien moins dans des dispositions législatives nouvelles que dans la réciprocité volontairement acceptée des devoirs, des services, du dévouement entre les diverses classes.

Disons-le hardiment, c'est aux classes élevées, éclairées, qu'incombe surtout cette grande tâche ; elles doivent poursuivre sans relâche ce but et elles peuvent l'atteindre, en donnant à la nation une éducation nouvelle, par l'exemple. Qu'elles se mettent en contact constant avec le travailleur, qu'elles entrent dans ses préoccupations, dans ses souffrances, dans ses aspirations, que les mains se touchent, que les cœurs s'ouvrent, et non seulement elles empêcheront l'abîme de se creuser, mais elles le combleront ; elles rétabliront les liens brisés et feront renaître peu à peu cette réciprocité du dévouement, qui est l'idéal et qui est aussi la force d'une société.

On prétend qu'il n'est pas possible d'agir sur l'ouvrier dans les grandes agglomérations, dans les centres industriels ; mais l'a-t-on vraiment essayé ?

Fait-on tout ce qu'il faudrait pour cela ? Qui l'oserait prétendre ? Lorsque des hommes de cœur et de zèle ont entrepris de s'occuper de lui dans les quartiers populeux de Paris, en apparence les plus rebelles à toute influence de ce genre, ils ont été émerveillés des résultats qu'ils ont obtenus, et je pourrais citer bien des exemples et d'autres villes, cette grande cité de Mulhouse notamment, où la population ouvrière a un esprit si excellent, si religieux. C'est qu'il y a un fond de générosité, de bonté native dans l'ouvrier, auquel on fait rarement appel en vain. Les meneurs le savent bien, ces meneurs hypocrites qui exploitent ses souffrances, ses griefs, au profit de leurs ambitions politiques, et déguisent leurs calculs égoïstes sous l'apparence d'un zèle désintéressé. On voit, hélas ! que le travailleur n'est que trop facile à entraîner, à égarer. Il suit en aveugle quand il croit entendre une voix qui lui est dévouée.

La vérité est que si l'on veut agir sur l'ouvrier il faut l'aimer comme il faut aimer son temps pour agir sur lui, comme il faut aimer la liberté pour s'en servir efficacement. La liberté, ah ! je le reconnais, elle se présente à nous parfois étrangement défigurée, et en voyant tant de choses odieuses accomplies

14

sous son nom, vous êtes tentés de la maudire.
Gardez-vous de le faire.

Réclamons-la, au contraire, sans relâche.
On ne peut nous la refuser ; elle nous est due.

Au fond, que demandons-nous ? pour la
loi divine, le respect ; pour nous, la liberté
pleine et entière de la servir ; le droit de persuader nos frères.

La liberté ! elle est nécessaire à l'œuvre de
rénovation morale de la nation. Sachons la
mettre à profit pour atteindre les âmes, pour
renouveler l'opinion, pour déterminer ces
mouvements, ces courants, ces grandes pous-
sées qui emportent toutes les résistances et
d'où sortent les vastes réformes.

La politique est ici vaine et impuissante, la
force va à l'encontre de son but. Est-ce que
toute la transformation politique, sociale, religieuse de la fin du dernier siècle, n'est pas
sortie d'un mouvement d'idées ? L'idée se rit

de la force elle-même. La force, c'est la balle ;
mais l'idée c'est la poudre qui lui donne l'impulsion et la lance au but. C'est à la conquête
des esprits qu'il faut marcher. Le christianisme a fait ainsi. Il a formé des cœurs chrétiens et il a obtenu des lois chrétiennes.

Dans cette grande croisade nous possédons,
nous chrétiens, cet avantage inestimable de
n'avoir point à nous mettre en peine de découvrir les bases nouvelles d'une organisation
sociale. Nous n'avons pas à consumer nos
efforts à la recherche d'une foi inconnue, de
nouvelles formules religieuses, ni à nous laisser prendre à l'appât d'utopies, de réformes
chimériques, dont le moindre défaut est de
faire abstraction de la nature de l'homme et de
la nature des choses. Pour nous la parole de
vie a retenti, il y a deux mille ans ! Elle est
sortie de la maison du charpentier de Naza-
reth ! Et personne, pas même celui qui la

méconnaît et qui l'outrage, ne saurait contester qu'elle a changé la face du monde.

Nous n'avons qu'à l'appliquer à la solution
du redoutable problème qui nous étreint ;
nous n'avons qu'à la propager par l'exemple,
par l'action, par la parole, par la plume, par
les œuvres. Ah ! s'ils étaient nombreux à la
mettre en pratique et à la répandre, chacun
seulement dans sa sphère d'action, ces chefs
d'industrie, ces grands propriétaires, tous
ceux qui ont charge d'âmes s'ils apportaient
plus de zèle à vulgariser, à proposer à l'imi-
tation ces institutions, ces mesures, ces pratiques de toute nature qui, s'inspirant con-
sciemment ou inconsciemment de la parole
évangélique, ont si merveilleusement réussi,
sur certains points, à améliorer la condition
de l'ouvrier et à maintenir la paix de l'atelier,
que de grands résultats seraient promptement
obtenus !

Comment un tel but n'enflamme-t-il pas d'ardeur tant de jeunes gens qui ont la liberté de leur temps et de leur fortune ! Comment, cédant à votre impulsion, ne sont-ils pas tentés de se vouer de plus en plus à l'étude des questions sociales et à la propagation des féconds exemples que nous avons sous les yeux ? Il y a là un terrain sur lequel on peut se rencontrer de tous les points de l'horizon, un terrain où le pays pourrait utiliser les efforts de tous, où il n'y aurait ni vainqueurs ni vaincus, où ceux mêmes qui ne sont plus associés à la politique et au pouvoir peuvent continuer à agir pour le bien de la patrie.

Le sentiment de la patrie ! il existe en temps de guerre ; il réunit et rapproche les âmes, les activités ; il fait taire les divisions, pourquoi n'existerait-il pas en temps de paix sur le terrain social ?

Mais peut-on encore parler de paix, quand la

grève éclate sur tant de points, quand l'antagonisme, sourd ou aigu, semble être la loi
commune des rapports entre les classes? N'est-
ce pas l'état de guerre, ou du moins de paix
armée entre les citoyens d'un même pays,
comme entre les diverses nations du monde ?
Et cet état ne commande-t-il pas au patriotisme et à la clairvoyance les mêmes sacrifices
et les mêmes trêves?

Que faudrait-il pour qu'il en fût ainsi ? Ah !
sans doute, il faudrait savoir s'élever au-dessus des divisions, des querelles, des préoccupations mesquines, mais il faudrait par-dessus
tout savoir triompher de cet amour exclusif de
soi, de cet égoïsme qui, en haut, paralyse les
activités, entretient l'indifférence et la mollesse
et qui, en bas, fait gronder l'irritation et la
haine. Il faudrait s'inspirer de cet esprit de dévouement, de sacrifice dont malheureusement
on s'efforce chaque jour de tarir la source.

Pour tout dire, il faudrait savoir agir. Agir, agir, voilà le mot qui résume tout, voilà la conclusion suprême. C'est le conseil que le poète nous donne en ces termes enflammés, inspirés de l'Écriture et par lesquels je veux finir :

« Dans le grand champ de bataille du monde, dans ce bivouac qui est l'existence humaine, ne sois pas comme un muet bétail que l'on pousse : agis, lutte, sois soldat; fais rayonner la vérité, regarde en avant, non en arrière ; agis dans le présent qui est la vie, ton cœur dans ta poitrine, Dieu au-dessus de ta tête. »

V

L'ASSURANCE OUVRIÈRE

PAR

L'INITIATIVE PRIVÉE [1]

Il faut le reconnaître, à l'honneur de notre temps, plus que jamais les préoccupations publiques se tournent vers les questions qui ont trait à la condition et à l'avenir de l'ouvrier invalide. Les rescrits de l'empereur d'Allemagne en sont une éclatante manifestation [2].

Les uns demandent la solution de ce redoutable problème à l'État, considéré comme le

---

1. Cette étude, écrite à la suite de ma *Conférence sur la misère et la charité à Paris* faite en 1889, a paru depuis dans la *Réforme Sociale*.
2. Voir note G et II. *Appendice*.

principal instrument du progrès; les autres
la demandent à l'initiative privée, à la puissance de l'association, à la pratique du devoir
social, et là est le véritable terrain de la question.

Nous sommes en présence de 23 millions de
prolétaires qui vivent au jour le jour, forcés de
se procurer des moyens d'existence, de veiller à leur durée, de compter avec les mauvaises chances qui peuvent les leur faire perdre,
incapables de subvenir à leurs besoins les
plus urgents, dès que se présente une insuffisance de travaux, un chômage, la maladie, la
vieillesse. Énoncer un pareil chiffre, c'est assez
dire que le péril est immense. Toutes les ressources de la charité réunies seraient impuis-
santes à y remédier, et, d'autre part, les considérations les plus élémentaires de justice et
de sécurité sociale font un devoir pressant de
chercher à le conjurer.

L'ouvrier valide fait vivre la société ; la plus vulgaire équité commande à la société de lui venir en aide, quand il est invalide ou accablé par l'âge.

Cependant ce concours de la société sera toujours vain et quelquefois dangereux, s'il n'est pas accompagné d'un effort de l'ouvrier pour s'aider lui-même. Il faut à la fois inspirer au prolétaire des habitudes de prévoyance, l'amener à épargner et lui donner la possibilité, moyennant ces habitudes, de sortir de sa condition précaire. Mais comment amènera-t-on à épargner l'homme qui vit de son salaire, comment le déterminer à abandonner une partie de ce salaire, en vue d'un avenir éloigné, alors qu'il gagne à peine le nécessaire ? Et ensuite, en vint-il à épargner, comment se constituera-t-il, avec ses minces économies, un capital suffisant pour parer aux éventualités qui le menacent et dont le revenu sera assez important pour le faire vivre dans sa vieillesse ou s'il devient invalide? Il faut lui demander peu et arriver pourtant à lui rendre assez pour garantir son existence à un moment donné.

Seul, le contrat d'assurance avec ses combinaisons multiples (assurance sur la vie, rente viagère, etc.), paraît être en mesure de concilier cette double et inéluctable exigence.

Pourquoi dès lors s'est-il si peu généralisé dans les classes laborieuses?

J'ai déjà eu occasion d'indiquer quelques-unes des causes qui expliquent ce fait. Il y en a plus d'une : le chiffre élevé de la prime eu égard aux ressources dont dispose le prolétaire, la difficulté des frais de perception, l'absence de formes de contrat s'adaptant aux conditions de l'existence de l'ouvrier et à son tempérament particulier, la fixité des échéances, l'ignorance des bienfaits de l'assurance, l'insuffisance des moyens employés pour la propager, pour la rendre accessible, pour stimuler l'initiative individuelle.

Parmi ces difficultés, il en est, j'insiste encore sur ce point, qui sont de telle nature que ni l'État, ni les compagnies privées ne sont parvenus et ne parviendront à les vaincre. Il est certain que les primes des petits contrats exigent de la part des agents chargés de leur recouvrement des démarches réitérées qui perdent leur temps et leur coûtent de l'argent.

De là l'éloignement en quelque sorte systématique que les compagnies d'assurance professent à l'endroit des classes laborieuses. Ces compagnies ne sont pas organisées pour les petites bourses. Elles ne peuvent pas assumer des charges qui seraient hors de toute proportion avec le bénéfice à retirer. Ces charges, l'État ne peut pas les accepter non plus parce qu'il lui serait impossible d'en mesurer la portée.

On sait à quelles difficultés s'est heurté le gouvernement allemand, dans l'élaboration de sa loi sur les pensions de retraite. Il aboutira à des résultats illusoires. En Angleterre, l'État n'a rien pu faire de sérieux ; aussi a-t-il laissé agir l'initiative privée, en la soutenant, en l'encourageant.

C'est le seul pays où l'assurance ouvrière ait pris racine ; une compagnie privée, la *Prudential Assurance*[1] y a obtenu un véritable succès. Elle a couvert le pays d'un réseau serré d'agents et reste en communication constante avec les ouvriers. Ses primes sont hebdomadaires, ses assurés se comptent par milliers.

Il est facile de se rendre compte, en France, des résultats obtenus par la *Caisse nationale de la vieillesse*, établie depuis un certain nombre d'années.

On sait ce qu'elle a coûté et des documents

1. Voir note I. *Appendice.*

officiels ont établi que ce n'étaient même pas
ceux qui en avaient besoin et pour lesquels
elle avait été instituée, qui ont surtout eu recours à elle.

Il y a lieu de remarquer que si une compagnie a pu réussir en Angleterre et provoquer
la diffusion des contrats d'assurance parmi les
ouvriers, cela tient à ce que cette compagnie
a tout fait pour adapter ses contrats et ses
moyens d'action à la catégorie d'assurés qu'elle
visait et cela tient, avant tout, à ce qu'elle s'a-
dressait à une population où l'esprit d'initiative,
où la prévoyance et la régularité des habitudes
existent à un degré inconnu dans notre pays.

On peut dire d'une manière générale et
plus particulièrement en visant la France, que
le problème ne peut être résolu que si l'on
fait intervenir dans sa solution un élément
libre, le concours de l'initiative privée, le dévouement qu'inspire l'intérêt religieux, social,

humanitaire, lequel ne regarde ni à son temps ni à sa peine. Or, cet élément, il le faut chercher dans l'association tirant parti du concours des compagnies d'assurances existantes et voyant sa tâche encouragée et facilitée par l'État.

Ce devrait être le principal objectif de toutes les associations qui, sous une forme ou sous une autre, ont en vue l'amélioration de la condition des travailleurs, la sauvegarde des intérêts professionnels, que d'organiser des pensions de retraite et d'assurer leurs membres contre les suites des accidents qui les mettent hors d'état de gagner leur vie.

La loi de 1884 donne en France aux syndicats professionnels l'existence légale et les autorise, par une disposition expresse, à constituer des caisses spéciales de secours et de retraite. Ils ont donc entre les mains l'instrument nécessaire. Dans la plupart des associations, on le sait, il y a deux catégories de membres : ceux qui ont une certaine aisance, du superflu, ceux qui n'ont que le strict nécessaire et vivent de leur salaire quotidien.

Or, voici comment pourrait s'exercer ici le rôle de l'association :

1° Déterminer par ses conseils et ses efforts persévérants la catégorie de ses membres dont je viens de parler, en dernier lieu, à contracter un double contrat d'assurance leur garantissant, d'une part, une pension de retraite ou un capital à un âge déterminé, et, d'autre part, une indemnité fixe ou une pension viagère, en cas d'accident entraînant une incapacité de travail temporaire ou permanente.

2° Débattre avec les compagnies d'assurances les conditions de ce contrat, se charger de percevoir et d'encaisser les primes et d'en verser le montant ; soit que certains membres de l'association prennent sur eux de recueillir la prime, au jour le jour, par petites sommes, au moment de la paye notamment, soit qu'un ou plusieurs agents collecteurs, en relations constantes avec les assurés, soient investis de cette mission.

3° Prendre à sa charge une partie à déterminer de la prime, de façon à en réduire le chiffre et à la mettre le plus possible en rapport avec le prélèvement que le budget de l'ouvrier peut s'imposer.

Cette allocation serait fournie sous la forme, non d'une charité, mais d'une prime à l'épargne, moyennant la formation d'un fonds spécial, alimenté par les cotisations des membres aisés de l'association, par des dons, des legs, des subventions de toute origine.

L'association encaissant elle-même les primes, agissant dans une sphère limitée, en relations directes, suivies, avec ses membres assurés, résoud toutes les difficultés de la per-

ception, comme celles qui résultent de la
fixité des échéances. Elle peut suppléer à un
léger retard de la part de l'assuré, qui n'est
plus exposé, dès lors, à voir une interruption
imprévue et forcée dans ses versements, fût-
elle de quelques jours seulement, entraîner
sa déchéance et la perte de ses versements
antérieurs.

Le chiffre de l'allocation serait à fixer selon
les milieux, les professions, les ressources de
l'assuré et de l'association [1].

Le fonds commun constituerait avec le
temps un patrimoine collectif qui remédierait,
dans la mesure du possible, au prolétariat.

J'ai supposé, dans ma conférence sur la misère et la charité à Paris, une Compagnie assurant à un seul contractant, moyennant le
versement de 52 francs par an, payés trimestriellement, (soit 1 franc par semaine), une

1. Voir note J. *Appendice*.

rente viagère de 405 francs à l'âge de 55 ans, si l'assuré a commencé à l'âge de 20 ans, de 300 francs, s'il a commencé à 25 ans ; ou bien un capital de 5,000 francs ou de 3,700 francs, dans ces mêmes conditions de durée de contrat.

J'ai supposé en outre une autre Compagnie garantissant à un assuré, moyennant le versement d'une somme de 10 francs par an, une indemnité variant de 600 francs à 1,200 fr. ou une rente viagère de 300 francs ou une allocation quotidienne de 2 francs, selon les circonstances, en cas d'accident ayant entraîné, soit la mort, soit l'incapacité de travail temporaire ou permanente.

Or, ce que j'ai présenté sous la forme d'une hypothèse est une réalité. Deux compagnies qui ont rang parmi les plus importantes de la capitale [1], déclarent qu'elles offriraient, dès à

1. Le *Phénix* (vie) et la *Sécurité-Soleil* (accidents). Les

présent, ces conditions aux associations qui entreraient dans la voie que j'ai indiquée.

En additionnant les deux primes, c'est une somme de 62 francs par an que coûterait la double assurance.

combinaisons qui peuvent être réalisées avec la Compagnie le *Phénix* sont les suivantes :

PREMIÈRE COMBINAISON. — En effectuant un versement de 52 francs par an, payés trimestriellement, on assurerait à un seul contractant une rente viagère différée semestrielle aux âges et aux époques fixés ci-après :

à 20 ans.　Différée de 35 ans 405 fr.　•
　　25 —　　　　—　　　　30 — 296　80
　　30 —　　　　—　　　　25 — 212　•
　　35 —　　　　—　　　　20 — 146　•
à 20 ans.　Différée de 40 ans 641 fr.　70
　　25 —　　　　—　　　　35 — 477　30
　　30 —　　　　—　　　　30 — 348　90
　　35 —　　　　—　　　　25 — 248　80

DEUXIÈME COMBINAISON. — Si au lieu d'une rente, l'assuré préférait toucher un capital, voici quelle en serait l'importance d'après la durée du contrat:

à 20 ans.　Différée de 35 ans 5.108 fr.
　　25 —　　　　—　　　　30 — 3.756
　　30 —　　　　—　　　　25 — 2.674
　　35 —　　　　—　　　　20 — 1.844

Si réduite que soit cette somme totale, elle peut paraître encore trop élevée pour le bud-

à 20 ans. Différée	de 40 ans	7.094 fr.
25 —	—	35 —	5.266
30 —	—	30 —	3.870
35 —	—	25 —	2.761

Il est à remarquer que dans le cas où l'assuré viendrait à mourir avant le terme du contrat, le capital ne serait pas dû par la Compagnie.

TROISIÈME COMBINAISON. — Si la prime annuelle dont il s'agit était appliquée à une assurance mixte, terme fixé, sans participation, le capital assuré s'élevait d'après la durée du contrat, aux chiffres suivants :

Âge 20 ans.	Durée 35 ans	3.233 fr.
— 25 —	—	30 —	2.478
— 30 —	—	25 —	1.861
— 35 —	—	20 —	1.355
Âge 20 ans.	Durée 40 ans	4.086 fr.
— 25 —	—	35 —	3.153
— 30 —	—	30 —	2.421
— 35 —	—	25 —	1.818

Dans cette combinaison, le capital est dû au terme fixé, en cas de vie, comme en cas de mort de l'assuré ; toutefois, les primes cessent d'être dues à partir du décès, s'il survient pendant le cours de l'assurance.

QUATRIÈME COMBINAISON. — Moyennant un versement de 52 francs par an, payable trimestriellement, on

get de l'ouvrier industriel et rural. Admettons, par exemple, que l'association prenne à

assurerait une rente viagère différée semestrielle sur deux têtes si le mari est vivant au terme fixé par le contrat ; cette rente serait reversible pour moitié sur la tête de la femme, en cas de décès du mari à cette époque.

Cette rente serait :

à 20 ans.	Différée de 35 ans	354 fr.	80
25 —	—	30 —	260	95
30 —	—	25 —	185	80
35 —	—	20 —	128	10
à 20 ans.	Différée de 40 ans	551 fr.	25
25 —	—	35 —	409	20
30 —	—	30 —	300	60
35 —	—	25 —	214	55

CINQUIÈME COMBINAISON. — Moyennant un versement de 52 francs par an, payable trimestriellement, on assurerait sur la tête du mari une rente viagère différée semestrielle, dont moitié serait immédiatement servie à sa femme dans le cas où il viendrait à décéder avant l'échéance du contrat.

Cette rente serait :

à 20 ans.	Différée de 35 ans	203 fr.	20
25 —	—	30 —	167	»
30 —	—	25 —	133	50
35 —	—	20 —	102	10

sa charge 22 francs sur 62, la prime à payer serait de 40 francs; c'est là une dépense que le plus petit budget peut, ce me semble, supporter annuellement. Que si certaines associations étaient hors d'état de prendre à leur charge une partie quelconque de la prime, elles rendraient encore un service inappréciable à leurs membres, en les déterminant à s'assurer, en percevant la prime, en assurant la régularité des versements, en faisant à l'assuré, le cas échéant, une petite avance qu'elles récupéreraient ensuite.

Ce mode d'intervention écarterait à lui seul deux des plus grands obstacles qui s'opposent, ainsi que je l'ai déjà fait observer, à la généralisation de l'assurance dans les classes laborieuses.

à 20 ans.	Différée	de 40 ans	249 fr.	30
25 —	—	35 —	212	10
30 —	—	30 —	171	20
35 —	—	25 —	143	50

L'association se plie à toutes les combinaisons, et c'est là sa supériorité.

Si je ne parle que des associations et non
des chefs d'industrie, c'est que beaucoup d'é-
tablissements industriels ont déjà établi des
caisses de retraite. Mais rien ne les empêche-
rait d'adopter ce mode d'assurance qui aurait
l'avantage de leur permettre de mesurer leurs
charges et leur ôterait la responsabilité du
placement des capitaux servant de gage aux
pensions de retraite.

J'ai dit que l'assuré aurait l'option entre un
capital fixe ou une rente viagère. On sait que
le système de la rente viagère est combattu
par certains esprits, au nom de l'intérêt de
l'ouvrier, de l'avenir et de la stabilité de la famille et regardé comme un principe destructif
de l'épargne, comme la · manifestation suprême de l'égoïsme.

Je reconnais qu'il serait à souhaiter que

l'ouvrier, que le prolétaire pussent arriver à créer, par l'économie, un capital suffisant pour leur permettre de vivre du revenu de ce capital, au moment où l'âge ou les infirmités leur rendrait le travail impossible. Il serait désirable qu'ils pussent transmettre le fruit de leurs économies, afin de constituer à la famille un capital accumulé. Ce serait l'idéal. Mais on doit se placer en présence de la réalité.

Or, il n'est pas contestable que l'épargne, même dans des proportions très modestes, est déjà fort difficile pour l'homme qui vit d'un salaire quotidien, que le chiffre de l'épargne accumulée sera presque toujours insuffisant pour faire vivre l'ouvrier et sa famille, le jour où le travail aura cessé, que la caisse d'épargne rend avec une augmentation insignifiante ce qui lui a été confié, tandis que dans certains cas l'assurance paye jusqu'à 200 fois ce qu'elle a reçu.

D'un autre côté que fera l'ouvrier de son capital s'il entend le placer? Quel revenu en retirera-t-il dans les conditions actuelles, étant donné l'abaissement progressif du taux de l'argent? A quels risques, à quelles exploitations ne sera-t-il pas exposé?

Enfin, si au lieu de recourir à l'assurance, il se borne à utiliser la caisse d'épargne, il y a la tentation inévitable du retrait de l'épargne, à la première épreuve qui atteindra la famille, si cette épargne n'a point été retirée déjà dans un moment d'entraînement, pour obéir à quelque appétit grossier.

Ne peut-on pas dire que la retraite par l'assurance est l'économie consolidée et que la caisse d'épargne est l'économie flottante [1]?

1. Je ne saurais formuler cette doctrine sans rappeler le souvenir d'un homme qui a apporté tant de zèle à la faire prévaloir autour de lui et surtout dans nos assemblées délibérantes, où il a occupé une place considérable, M. le Comte Benoist d'Azy, qui a laissé un nom si justement honoré.

J'ajoute qu'il serait évidemment possible
d'introduire dans les contrats dont j'ai parlé,
une clause permettant, au bout d'un certain
laps de temps, le rachat dudit contrat, c'est-à-
dire le remboursement d'une portion au moins
des sommes versées, et l'on arriverait également, moyennant une prime légèrement plus
élevée, à garantir à la veuve de l'assuré, en cas
de décès de ce dernier avant l'expiration de la
police, le bénéfice de stipulations analogues.

J'ai à peine besoin de dire que je n'entends
méconnaître aucun des avantages de l'épargne, sous quelque forme qu'elle se produise.
Je vise un cas particulier et j'indique la combinaison qui me paraît y répondre le mieux. Je
ne fais en outre que constater un fait d'expérience, en disant que les avantages de la constitution d'un capital accumulé, au point de vue
de l'avenir de la famille, sont trop souvent illusoires.

La solution véritable serait, sans doute, pour l'ouvrier, de faire deux parts, s'il le pouvait de ses économies, d'appliquer l'une à la constitution d'une rente viagère et l'autre à la constitution d'un capital accumulé, d'un patrimoine transmissible à ses enfants. Dans la combinaison que j'expose, le chiffre de la prime qu'il aurait à payer est réduit à tel point qu'il ne lui serait pas impossible, dans la plupart des cas, de réaliser encore des économies qu'il destinerait à l'épargne proprement dite. Cela pourrait avoir lieu partout où les salaires sont un peu élevés.

On ne saurait, dans tous les cas, contester que la rente viagère a, même au point de vue de l'esprit de famille, d'importantes conséquences.

Il est certain que si de pauvres vieux parents impuissants à gagner leur vie, après une existence de travail, avaient une pension de retraite de 380 francs, au lieu d'être à charge à

leurs enfants, au lieu d'être réduits par eux à
mendier, ils seraient entourés et choyés ; l'intérêt et l'affection ne seraient plus en conflit.

Ce système offre également pour les femmes de précieux avantages. Beaucoup de femmes laborieuses, de jeunes filles gagnent des
salaires relativement élevés, et font des économies à la caisse d'épargne ou à la caisse de
l'usine. Combien en voit-on dont le petit pécule est mangé par un mari imprudent ou dé-
bauché, dès les premières années du mariage,
tandis que si ces jeunes filles avaient apporté
en dot un contrat d'assurance, leurs économies auraient assuré la paix et la dignité de
leurs vieux jours.

On objectera que ce système, qui repose sur
le concours de l'ouvrier individuellement et de
l'association à laquelle il appartient, se heur-
tera dans la pratique à une difficulté financière
insurmontable. Que s'il s'applique à un nom-

bre considérable d'associés, le chiffre des allocations complémentaires, fût-il réduit à 20 ou 10 francs, par tête, constituera, une charge qui excédera fatalement les ressources de l'association ; que s'il ne s'applique qu'à un nombre de têtes restreint, ce sera une solution insignifiante.

Je réponds qu'il importe peu que le nombre des assurés de chaque association soit restreint, si les associations elles-mêmes se multiplient indéfiniment et que c'est là le but qu'il faut atteindre. Je dirai même que l'organisation que je préconise fonctionnera bien, surtout si le nombre des assurés est limité. Mais qui empêche de créer des groupes partout, de multiplier les unités, les centres d'assurance ? Dans les milieux industriels, on a devant soi tous les éléments nécessaires. Tout est à faire et plus malaisément dans les régions agricoles, où les pensions de retraite n'existent

nulle part ; et cependant les trois quarts des
ouvriers français sont des campagnards vivant
directement ou indirectement de l'agriculture.
Sans doute un ouvrier agricole peut faire, par
un acte héroïque d'économie prévoyante, des
dépôts à la caisse de la vieillesse de l'État ;
mais en fait il ne le fera pas, et personne ne
l'y encourage, aucune association n'ajoute ses
subventions à l'économie du petit cultivateur
pour compléter l'annuité qui lui assurera une
retraite.

Les Syndicats agricoles réunissant propriétaires et prolétaires, patrons et ouvriers, pourraient le faire. Ils trouveraient un concours
auprès des sociétés d'agriculture toujours pré-
occupées de maintenir dans les campagnes
des populations morales et fortes. C'est le
chemin que devraient prendre les gratifications
données aujourd'hui aux ouvriers agricoles,
qui vont les boire au cabaret. Tout devient

possible, moyennant la combinaison proposée, parce que tous les concours sont réunis et se complètent.

Peut-être alléguera-t-on que les associations, que les syndicats s'engageraient ainsi dans une voie aventureuse que la prudence déconseille. Cela n'est pas exact. On ne s'aventure pas, quand on peut calculer exactement son risque et ménager, à l'avance, les ressources qui y devront faire face. Or, c'est ici le cas. Le pire qui puisse arriver à une association est que certaines primes restent impayées; mais elle ne répond que du versement d'une année, et elle est libre, si elle le juge à propos, de laisser encourir la déchéance par l'assuré.

Il me semble bien difficile, en dehors de ce système, de rencontrer un moyen pratique permettant de faire sortir le prolétaire de la condition précaire où il vit. L'État est impuissant,

16

— les faits le prouvent — et il serait dangereux de lui demander ce qu'il ne peut pas
faire utilement et d'encourager des empiéte-
ments dont le dernier terme serait un socialisme inintelligent et fatal. Les compagnies d'assurances reconnaissent elles-mêmes qu'elles
ne peuvent résoudre le problème dans notre
pays. Les sociétés de secours mutuels l'ont
essayé en vain ; elles arrivent à donner de piè-
tres allocations à l'immense majorité des inva-
lides de l'âge et s'égarent dans des embarras
financiers d'où elles ne peuvent sortir.

Il est vrai que si la combinaison dont il s'a-
git procure une retraite à l'ouvrier âgé et le
garantit contre les suites des accidents qui
peuvent l'atteindre, elle présente une lacune.

Il y a deux éventualités qui menacent l'ouvrier et auxquelles elle ne pourvoit pas : la maladie, quand elle n'est pas la suite d'un acci-

dent, et le chômage. Mais, si l'on y regarde
bien, on reconnaîtra que ces deux cas exigent
une association spéciale, ou bien établie dans
l'usine, ou bien ayant plutôt un caractère com-
munal. Je ne dis pas que la commune doive se
charger de pourvoir à ces besoins, mais elle
doit intervenir, seconder, subventionner les
associations locales formées dans ce but et
dont la grande préoccupation doit être de constituer un patrimoine collectif à la gestion duquel seraient intéressés directement les ouvriers eux-mêmes. C'est le seul moyen de faire
fonctionner un contrôle efficace, sans lequel
aucune de ces sociétés de secours ne peut subsister.

Mais il ne suffit pas que le moyen qui vient
d'être suggéré soit pratique, il faut encore le
faire accepter, le généraliser. Or, l'initiative
individuelle est lente dans notre pays ; elle a
besoin d'être mise en mouvement. La puis_

sance de l'association longtemps paralysée par la législation elle-même, sommeille encore ; les forces sont éparpillées ; le groupement ne se fait pas. On ignore en outre tout ce que l'on pourrait tirer des contrats d'assurance.

Si quelque grande action centrale ne se produit pas pour stimuler l'initiative, faciliter, simplifier son rôle, si une grande œuvre de propagande ne triomphe pas des hésitations, des routines, de la torpeur générale, c'est en vain que ces appels seront adressés au bon sens, à la prévoyance, au devoir social, à l'intérêt bien entendu.

Et c'est précisément, en raison de cet état des choses et des esprits que la création, dans la capitale, de cet *office central de la prévoyance* auquel j'ai déjà fait allusion, est une mesure qui s'impose. Œuvre de la libre initiative des particuliers, inspirée uniquement par le dévouement aux classes populaires, cette institution répondrait à un besoin réel. Elle réveillerait l'esprit d'association, démontrerait aux ouvriers le parti qu'ils peuvent tirer des compagnies d'assurances, pour donner à leur vie la sécurité qui lui fait défaut, elle se chargerait de choisir les compagnies dont la solidité inspirerait tout repos, débattrait les contrats, transmettrait le montant des primes que les associations distinctes verseraient entre ses mains, préviendrait et réglerait les difficultés : elle serait, en un mot, l'homme d'affaires des associations, des syndicats. Grâce à elle, grâce à un concours à la fois expérimenté, dévoué, et désintéressé, toute association, si éloignée qu'elle fût de la capitale, organiserait sans peine son système de pensions de retraite et d'assurances contre les accidents. Et l'on prétexterait vainement qu'une organisation de ce genre rencontrerait des difficultés pratiques insurmontables. En Italie, le *Patro-*

nato de Milan [1], qui repose sur des principes analogues, fondé en 1883, avait, au 31 décembre 1888, assuré 38.873 individus et n'était pas intervenu dans moins de 8.502 cas d'accidents, alors que la Caisse nationale d'Italie n'avait donné que des résultats illusoires.

Parmi les moyens d'arriver à la réconciliation sociale tant souhaitée, en est-il un qui paraisse plus efficace que celui-là ? Je ne vois pas, pour ma part, de liens de solidarité plus étroits, — liens d'intérêt, de gratitude, de dévouement réciproque, — que ceux qui seraient ainsi créés entre les membres de ces associations, dont chacun s'imposerait un sacrifice en vue d'atteindre le but commun, c'est-à-dire en vue de mettre enfin l'existence du prolétaire à l'abri des coups qui viennent l'accabler et de le soustraire à l'empire de la misère. Une des conditions essentielles de la stabilité, de la

1. Voir note K. *Appendice.*

sécurité publique se trouverait ainsi remplie et
rien ne saurait manquer à la fécondité d'une
solution qui repose sur des bases aussi ration-
nelles. La société agirait par ses forces organisées et, comme l'enseigne un remarquable
esprit dont le talent et l'autorité ne cessent de
grandir [1] et avec lequel je suis heureux de
m'accorder M. Claudio Jannet, elle pourvoirait
aux besoins nouveaux du temps, sans livrer à
l'État la liberté individuelle et la vie économique.

1. Le succès du beau livre de M. Claudio Jannet, « le
socialisme d'État », justifie pleinement cette assertion.

VI

QU'IL FAUT ÊTRE OPTIMISTES ET HARDIS [1]

J'ai lu quelque part que ce qu'il y a de plus beau en nous, ce sont nos vieilles pensées unies à nos jeunes sentiments.

N'est-ce point là, Messieurs, l'image de ce qui s'accomplit aujourd'hui, de ce culte toujours jeune rendu à vos vieilles gloires, à vos grands souvenirs, auxquels vous avez consacré, en partie, ce nouvel et magnifique édifice

1. Allocution prononcée en 1888 au collège de Juilly, a l'occasion de l'inauguration de la nouvelle galerie dite *des actes* consacrée aux souvenirs du collège dont la fondation remonte à l'année 1639.

dont votre académie de Malebranche vient de prendre possession et qu'elle inaugure par cette solennité?

Vous y avez transporté vos portraits, vos bustes : Bérulle, Malebranche, Bossuet, Villars, Berwick, le chancelier Pasquier, Berryer, les plus hautes personnifications de la science, de la sainteté, de l'éloquence, de la gloire ; les tables où sont inscrits ceux que vous appelez à juste titre, vos ancêtres, maîtres ou élèves dans cette maison, et j'aperçois le marbre qui porte les noms de vos aînés, morts sur le champ de bataille, vivante et constante leçon de patriotisme.

Ce patrimoine d'honneur, vous avez tenu à le mettre sous la garde de vos autels. Par une touchante inspiration, vous avez rapproché les deux sanctuaires : celui de la prière et celui de la science.

Et ce qui me frappe dans ces changements,

dans ces créations, c'est que vous avez eu le
secret de les réaliser sans porter aucune atteinte à la physionomie dé l'antique Juilly.
Vous en avez respecté le caractère. Les vieux
bâtiments sont là dans leur fière et élégante
sévérité. Vous avez pratiqué, au sens vrai du
mot, l'innovation. L'innovation qui est développement, accroissement, achèvement, en
vous inspirant, ce semble, de cette belle devise : *maintenir et réparer*. Oui, belle devise,
Messieurs, qui ne devrait pas seulement être
celle d'une congrégation sage, mais celle de
tout peuple sensé au lendemain des révolutions. Que n'avons-nous su la mettre en pratique, en ce temps, quand nous avons eu le
rare bonheur de pouvoir, sous une forme nouvelle, moderne, renouer la chaîne de nos traditions séculaires !

A Juilly, on n'a rien répudié de l'héritage
du passé ; on professe pour lui un religieux

respect; on en a le culte, et pourtant, on y est bien de son temps. On ne se fait illusion ni sur ses erreurs, ni sur ses fautes. On n'en rend pas moins justice à ce qu'il a de grand, à ses aspirations généreuses. On combat ses travers et ses aberrations ; mais on vit de sa vie, on souffre, on se passionne avec lui.

Cette longue suite de noms glorieux que l'on rencontre ici, partout où l'on tourne ses regards, atteste bien la fécondité constante de notre pays, malgré la diversité des fortunes, et la liste n'en est pas close.

Je ne sais pourquoi, Messieurs, je m'imagine que si ces toiles, que si ces marbres pouvaient s'animer tout à coup et vous adresser la parole, il y a un conseil qu'ils vous donneraient avant tout. Je m'imagine qu'ils vous diraient d'aborder les luttes prochaines de la vie, munis de deux sentiments très profonds dans votre âme, qu'ils vous diraient d'être *optimistes* et *hardis*.

Oui, optimistes; je répète le mot, dût-il rencontrer des sourires. On affirme tous les jours que vous êtes nés trop tard, dans un siècle trop vieux, que vous appartenez à une société qui se décompose, qui s'en va, que la décadence irrémédiable a commencé, que les heures sont comptées.

N'en croyez rien. Notre histoire a connu des jours plus sombres. S'il y a des raisons de se décourager, il y en a aussi pour espérer. Les arguments se pressent dans mon esprit pour vous le démontrer, je n'en veux invoquer qu'un seul. Croyez-vous vraiment, Messieurs, qu'une nation qui est encore assez riche de foi, d'amour, de pitié, d'abnégation, de dévouement, pour être présente, dans la personne de quelqu'un de ses enfants, sur tous les points du globe où on souffre, où on pleure, où on est

courbé sous le joug de la barbarie et de l'ignorance, et qui est là, pour panser les plaies,
guérir les maux, consoler, relever en apportant l'espérance divine avec la bonne nouvelle
de l'Evangile, croyez-vous que cette nation soit
près de périr? Croyez-vous qu'un sol qui fait
germer et s'épanouir une telle moisson de dévouements, qui a encore en lui de tels trésors
de vie soit près d'être épuisé? que cette légion
de filles de la charité et de missionnaires qui
se multiplient au milieu de nous, comme cela
ne se voit en aucun pays du monde, qui sont
prêts chaque jour à immoler leur vie pour leurs
frères, croyez-vous que cela ne rachète pas
bien des erreurs et bien des crimes, et que
l'humanité ne contracte pas envers ce peuple
généreux entre tous, qui se prodigue pour
elle, une dette que Dieu seul peut acquitter et
qu'il acquittera ?

Soyez donc confiants dans la vitalité de votre

pays, mais soyez en même temps hardis, hardis dans l'affirmation et la défense de votre foi, de vos doctrines, de vos opinions. Soyez agissants, et pour être agissants, soyez optimistes. J'ai entendu un grand homme d'Etat dire cette parole : « les pessimistes ne seront jamais que des spectateurs. »

Et pourquoi ne seriez-vous pas aussi hardis et entreprenants que ceux qui attaquent vos croyances et outragent les causes que vous défendez? Qui de vous rougirait jamais de porter le grand nom de chrétien, d'être le disciple de celui qui, même aux yeux d'une philosophie hostile, a été la personnification la plus haute sur cette terre du vrai et du bien? Qui de vous rougirait d'avoir des espérances immortelles, de croire à l'infini, à la beauté, à l'idéal? On vous jettera au visage que vous êtes des rétrogrades, que vos croyances surannées font obstacle au progrès, à la liberté, à la diffusion

des lumières. Mais l'ignorance et là mauvaise
foi auront beau accumuler les préventions
sous vos pas, vous n'en avez pas moins pour
ancêtres, pour pères et pour maîtres dans la
foi ceux qui, les premiers dans le monde, ont
proclamé, dans un langage qui n'avait jamais
été parlé, l'affranchissement de toutes les servitudes qui pouvaient opprimer ici-bas la dignité et la liberté humaines, et violer les droits
sacrés de la conscience.

Il suffit d'ailleurs de tourner ici les yeux
vers ces portraits et vers ces marbres, vers
ces ancêtres plus récents, pour y retrouver les
noms d'hommes qui ont honoré autant que
personne la raison, qui ont jeté le plus de lumière sur leurs temps, servi la patrie, défendu
la liberté mieux qu'on ne l'a jamais fait, et
porté au plus haut point qu'il puisse atteindre,
le génie humain.

Sans sortir de ces lieux, vous rencontrez la

réfutation péremptoire des calomnies et des attaques dont vous serez l'objet. Est-ce donc à vous à mettre bas les armes et à capituler? Non, non, Messieurs. Eh bien, rappelez-vous que se dire que l'on est fort et qu'on doit être le plus fort, c'est la victoire aux deux tiers remportée, et que se montrer aussi hardi que ses adversaires, c'est déjà les tenir en respect, et ceci est vrai vis-à-vis des ennemis de la foi chrétienne aussi bien que vis-à-vis des ennemis de la paix sociale, qui sont d'ailleurs des ennemis communs. Cette réflexion me remet en mémoire un trait dont le récit, fort court d'ailleurs, ne laissera pas, je crois, de vous intéresser, parce qu'il évoque le souvenir d'un homme illustre, dont on ne peut, ce me semble, prononcer le nom qu'avec respect, à quelque opinion que l'on appartienne, M. Guizot.

Lorsque j'ai eu l'honneur d'être présenté

17

pour la première fois à M. Guizot, il y a longtemps de cela, plus de vingt ans, sa première
pensée fut de me questionner sur l'Alsace, sur
la ville de Mulhouse, son développement, l'esprit de sa population ouvrière. Il doit y avoir
aujourd'hui à Mulhouse, me dit-il, depuis la
prodigieuse extension de son industrie et au
milieu de cette masse d'ouvriers, une forte
garnison pour maintenir l'ordre ? — Nous n'a-
vons pas un soldat ! — Alors, poursuit
M. Guizot, vous avez une police nombreuse,
bien armée, bien organisée ? — Assurément,
répondis-je, si les rares et débonnaires ser-
gents de ville en imposent aux malfaiteurs,
c'est à la puissance de leur prestige qu'ils le
doivent exclusivement. Mon interlocuteur pa-
raissait surpris ; puis, se ravisant tout à coup :
« Je devrais me souvenir, fit-il, d'une réponse
du maire de Manchester, un jour qu'étant am-
bassadeur en Angleterre, j'étais allé visiter

cette grande cité ouvrière. Je lui faisais la
même question qu'à vous et je m'étonnais de
ses réponses, comme je viens de m'étonner
des vôtres. Comment, lui disais-je, pouvez-
vous dormir tranquille au milieu de cette multitude dont un simple mouvement suffirait à
vous écraser? Vous avez donc un secret?
Sans doute, me répliqua mon hôte, *chez nous,*
les honnêtes gens sont aussi hardis que les
coquins !

Que de choses, Messieurs, dans cette réponse !...

Je n'ajoute qu'un mot.

Ces sentiments dont je souhaite que vous
soyez animés pour affronter les luttes de la
vie, laissez-moi vous le dire, seul un attachement sans réserve, du fond du cœur, à la
vérité, peut vous les inspirer. La force d'âme
est inséparable de l'attachement à la vérité.
Les tièdes et les neutres ne la connaîtront

jamais. Il ne suffit pas d'avoir une foi raisonnée dans son pays, comme on le conseillait
dans une solennité récente à la jeunesse française, en l'engageant à hâter l'ère de la réconciliation définitive au sein de la paix intérieure
et de la liberté. Cette foi-là, pour avoir quelque
portée pratique, suppose une foi supérieure
qui est le véritable fondement du patriotisme
et sans laquelle l'esprit de sacrifice dont il vit
serait bien vite étouffé sous le calcul égoïste.
Elle suppose que l'on croit en Dieu.

Servez donc la vérité, Messieurs ; servez-la
dans la paix et dans l'amour ; pratiquez la
liberté dans la justice. Portez-y la flamme qui
respire dans quelques-uns de ces hommes
illustres, vos aînés, dont on garde si fidèlement ici le souvenir.

Elle existe en vous, elle peut encore susciter
de grandes choses, cette flamme. Vous êtes les
maîtres de l'avenir. Ah ! puisse-t-il être digne

du grand passé de ce cher pays de France!
Les œuvres sociales surtout vous appellent.
Faites que ceux qui souffrent se tournent vers
vous de plus en plus. Pour assurer le triomphe
des idées chrétiennes, sur ce terrain, vous rencontrez des éléments tout préparés, mieux préparés qu'ils ne l'ont été depuis longtemps. C'est
ma conviction. Vous êtes à la veille de temps
nouveaux. Sous la surface du vieux monde fer-
mente déjà le monde caché qui doit paraître
un jour. Le malaise qui agite les âmes les
force à se demander où est le remède. Ceux
même qui ne croient plus cherchent avec in-
quiétude dans leur ciel désert — c'est l'un
d'eux qui le dit — la place de ces grandes
lumières éteintes dont ils se flattaient vainement de pouvoir se passer. Au sein de cette
société qui ne sait où se prendre, qui cherche
la vérité à tâtons, faites rayonner l'idéal chrétien, Messieurs, seul capable de guérir et de

renouveler les nations. Vous le pouvez. Mais à une condition : c'est que vous saurez puiser aux sources de l'éternel rajeunissement, à la condition que vous saurez croire et aimer.

VII

APPENDICE

Note A.

En dehors d'une ou deux institutions, extrêmement restreintes, hélas! jusqu'à présent, je ne
connais pas dans Paris, une seule œuvre importante, organisée pour offrir du travail en échange
d'une hospitalité temporaire ou d'une certaine ré-
munération à des ouvriers sans ressources, lesquels, en dépit de leur bonne volonté, ne trouvent
pas momentanément l'emploi de leurs bras et
sont impuissants à défendre leurs femmes et leurs
enfants contre la misère; à des individus qui at-

tendent leur rapatriement; à des infirmes qui sollicitent leur admission dans une maison spéciale ou qui pourraient être envoyés en province; à ces malheureux enfin que l'on arrête pour avoir couché sous un pont, dont le seul crime est de n'avoir pas un sou dans leur poche et que le juge du petit parquet relaxe et remet sur le pavé dénués de toute ressource. Un homme de bien par excellence, M. le comte de Beaufort, secrétaire général de la Croix rouge française, s'était proposé, il y a quelques années, de combler cette lacune. Obsédé de l'idée qu'une société civilisée doit rayer ces morts terribles : mort de faim ! suicide provoqué par la misère ! il avait conçu le projet d'une œuvre qu'il nommait « l'œuvre des affamés » et qui eût consisté en une sorte d'ouvroir temporaire, où un travail accessible à tous eût été organisé et en retour duquel soit du pain, soit des bons de nourriture, soit l'hospitalité complète eussent été accordés.

Ce devait être tout autre chose, je n'ai pas besoin de le dire, que le workhouse de Londres : une œuvre d'hospitalité comme celle qui existe aujourd'hui pour les femmes, à Paris, avenue de

Versailles, n° 52. Absorbé par d'autres œuvres,
M. le comte de Beaufort n'a pu donner suite à son
projet. L'Allemagne a répondu à ce besoin par la
fondation de ses colonies de travailleurs et ses
stations hospitalières.

On objecte qu'il est difficile, surtout dans une
ville, d'organiser le travail de façon à ce qu'il
puisse être à la portée de tous les hommes qui
mériteraient d'être ainsi assistés. Malgré la diversité des professions ou l'absence même de tout
état, l'objection serait promptement résolue, si les
ressources nécessaires au début étaient réunies,
et je connais pour ma part une sœur de charité
placée déjà à la tête d'une œuvre hospitalière qui
a en vue un genre de travail tout prêt, suffisamment rémunérateur, et de nature à occuper dès
demain, plus de 150 malheureux, chaque jour,
dans un asile ou refuge temporaire.

Note B.

Parmi les différents « index numbers » que
nous avons cités, quelques-uns peuvent servir à

l'étude de la répartition topographique de la misère à Paris.

Ce sont :

1° Le rapport de la population indigente à la population générale par arrondissement.

2° La valeur des locaux d'habitations.

3° Le nombre d'ouvriers (nombre proportionnel).

4° Le nombre proportionnel de domestiques.

5° Le nombre proportionnel de contrats de mariage.

6° Les classes et les modes d'inhumations employés.

Les rapports fournis par tous ces indices concordent généralement surtout dans leurs termes extrêmes. Les arrondissements où il y a le plus de domestiques, sont également ceux qui comptent le plus de contrats de mariage et d'enterrements de 1re ou de 2e classe, le moins d'ouvriers et d'indigents, ceux enfin où on trouve le moins de logements à bon marché.

De tous les arrondissements de Paris, le plus riche est le VIII°; il comprend, en effet, 272 domestiques par 1.000 habitants, Sur 1.000 ménages de deux personnes au moins, on compte 399 domestiques mâles et 726 féminins.

Sur 1.000 individus exerçant eux-mêmes un métier, il n'y a que 249 ouvriers. Sur 1.000 mariages, il y a eu en moyenne 340 contrats, depuis 1880. Sur 1.000 habitants on ne trouve que 17,8 indigents. Sur 27 enterrements de 1re classe, à Paris, en 1886, il en compte 12 à lui seul.

Enfin la valeur moyenne du loyer ressort à 2.733 francs.

Cet arrondissement comprend les quatre quartiers des Champs-Elysées, du Roule, de la Madeleine et de l'Europe. Le plus riche des quatre et, par suite, le quartier le plus riche de Paris, est celui des Champs-Elysées.

La valeur moyenne du loyer y ressort à 4.823 francs.

On y compte 762 domestiques mâles et 878 féminins par 1.000 ménages.

Sur 1.000 habitants exerçant un métier, on ne trouve que 268 ouvriers.

L'arrondissement le plus pauvre de Paris est le XIIIe.

Il n'y a que sept domestiques par 1.000 habitants; par contre, il y a 111 indigents.

Sur 1.000 ménages de deux personnes il y a seulement 4 domestiques mâles et 25 féminins.

Sur 1.000 individus exerçant une profession il y a 702 ouvriers.

Sur 1.000 mariages, la moyenne des contrats a été de 84, depuis 1880.

La valeur moyenne du loyer ressort à 336 francs.

Le quartier le plus pauvre de cet arrondissement, et le plus pauvre de tout Paris, est la Maison-Blanche.

Nombre d'ouvriers, pour 1.000 individus exerçant un métier, 738.

Nombre de domestiques mâles pour 1.000 ménages, 1.

Nombre de domestiques féminins pour 1.000 ménages, 11.

Valeur moyenne du loyer, 202 francs.

Le tableau ci-après donne le classement des quartiers de Paris en six catégories, d'après le nombre des domestiques occupés par 1.000 ménages de deux personnes au moins.

Quart. très pauvres.	Quartiers pauvres.	Quartiers aisés.	Quartiers très aisés.	Quartiers riches.	Quartiers de luxe.
Moins de 50 domestiques.	De 50 à 99 domestiques.	De 100 à 199 domestiques.	De 200 à 299 domestiques.	De 300 à 399 domestiques.	400 domestiques et au-delà.
Roquette.	Jardin-des-Plantes.	Mail.	St-Germain-l'Auxerrois.	Halles.	Place Vendôme.
Ste-Marguerite.	Sorbonne.	Bonne-Nouvelle.	Arsenal.	Palais-Royal.	Gaillon.
Picpus.	Hôpital-St-Louis.	Arts-et-Métiers.	Notre-Dame-des Champs.	Vivienne.	St-Thomas-d'Aquin.
Salpêtrière.	Folie-Méricourt.	Enfants-Rouges.	École-Militaire.	Monnaie.	Invalides.
Gare.	St-Ambroise.	Archives.	Rochechouart.	Odéon.	Champs-Elysées.
Maison-Blanche.	Bel-Air.	Ste-Avoie.	St-Vincent-de-Paul.	St-Germain-des-Prés.	Faubourg-du-Roule.
Santé.	Bercy.	St-Merri.	Porte-St-Martin.	Faub.-Montmartre.	Madeleine.
Necker.	Quinze-Vingts.	St-Gervais.	Auteuil.	Porte-St-Denis.	Europe.
Grenelle.	Croulebarbe.	Notre-Dame.		Muette.	St-Georges.
Javel.	Montparnasse.	St-Victor.		Ternes.	Chaussée-d'Antin.
Clignancourt.	Plaisance.	Val-de-Grâce.		Plaine-Montceau.	Porte-Dauphine.
Goutte d'Or.	St-Lambert.	Gros-Caillou.			Bassin.
La Villette.	Grandes-Carrières.	Petit Montrouge.			
Pont-de-Flandre.	La Chapelle.	Batignolles.			
Amérique.		Épinettes.			
Combat.					
Belleville.					
St-Fargeau.					
Père-La-Chaise.					
Charonne.					
20 Quartiers.	14 Quartiers.	15 Quartiers.	8 Quartiers.	11 Quartiers.	12 Quartiers.

Il y a donc, à Paris, 20 quartiers très pauvres.

              14 — pauvres.

              15 — aisés.

               8 — très aisés.

              11 — riches.

              12 — de luxe.

Si l'on suppose que les familles qui sont servies par un domestique mâle ont aussi un ou plusieurs domestiques féminins, on est conduit à admettre que sur 1.000 ménages de deux personnes au moins, 51 ont un ou plusieurs domestiques mâles et un ou plusieurs domestiques féminins (chiffre supérieur à la réalité) ;

120 ont un ou plusieurs domestiques féminins (chiffre supérieur à la réalité) ;

820 n'ont pas de domestiques (chiffre au-dessous de la réalité).

Si on construisait des tableaux identiques pour ces autres « index-numbers » que nous avons cités, on trouverait que leurs termes coïncident sensiblement.

Quelquefois cependant on remarque de légères différences, mais on comprend, par exemple, que les valeurs locatives décroissent plus vite que

l'aisance individuelle, quand on passe des quartiers très commerçants du centre aux quartiers de
l'est ou du sud.

Je prie les lecteurs de se rapporter aux carto-
grammes annexés à ces notes; ils ont été dressés
par M. Maurice Harbulot, membre distingué de
la société de statistique de Paris, dont la compétence spéciale m'a été très utile dans ces recherches

NOTE C.

DE L'ORGANISATION DE LA CHARITÉ A ELBERFELD

Actuellement, sous le régime du règlement
des pauvres, revisé en 1876, l'administration de
l'assistance publique, à Elberfeld, se compose d'un
comité central, de neuf membres dont quatre nom-
més par la bourgeoisie, quatre autres par le conseil municipal, le neuvième étant le président,
membre de la municipalité. Ce comité est assisté
de 28 chefs de sections pour autant de quartiers
de la ville avec 364 visiteurs ou armpfleger pris
parmi les bourgeois de toute profession pour
cette fonction honorifique. L'installation des visi-

téurs élus se fait solennellement à l'Hôtel de ville,
par le bourgmestre.

Après une allocution, le représentant de l'administration dit au récipiendaire : « Vous vous êtes
déclaré prêt à prendre les fonctions de visiteur
des pauvres de la ville, vous promettez de remplir
fidèlement et avec conscience les devoirs que vous
imposent ces fonctions, particulièrement d'observer avec fidélité les prescriptions du règlement des
pauvres et de l'instruction relative à ce service : sur
ce, je reçois votre accolade. » En outre, les différents établissements de bienfaisance ont chacun
leur commission administrative particulière, à savoir : la maison des pauvres pour les vieillards indigents et sans famille, incapables de se suffire, l'orphelinat de l'institut des enfants abandonnés par
leurs parents, les hôpitaux et les maisons de santé
instituées pour le traitement des maladies épidémi-
ques. D'après les *Statutarische Bestimmungen und
Formulare der Elberfelder Armerpflege*, les sections
pour l'assistance sont nettement délimitées. Tous
les quinze jours les commissions, composées du
chef de section et de quatorze visiteurs sont tenues
de se réunir pour délibérer sur les propositions de

secours. Les secours à domicile s'accordent pour deux semaines de suite seulement, mais ils sont renouvelables. En 1884, chaque visiteur avait, en moyenne, 263 ménages pauvres à suivre, 204, en 1885.

Dans la règle, les secours consistent en argent comptant, à raison de 3 marks chaque semaine par personne, vivant seule ; pour les familles plus nombreuses, en proportion des besoins. S'il y a lieu, on accorde des bons de soupe, à 7 pfennigs la portion, ainsi que des vêtements et des objets de literie. Le comité ne fournit des ustensiles, des outils ou des meubles qu'à titre de prêt temporaire. Les indigents sans asile peuvent obtenir 50 pfennigs pour le loyer par semaine. En cas de maladie, il y a les soins médicaux et les médicaments gratuits, les frais d'enterrement en cas de décès.

A Elberfeld, la statistique de l'assistance publique, pendant les années 1880 à 1882, fournit les renseignements que voici pour les secours directs à domicile.

Années	Secours marcks	personnes assistées	secours temporaires.
1880...	159.300	5.193	4.069
1881...	149.436	4.996	3.768
1882...	150.633	4.847	3.536

Pendant les trois années auxquelles se rapportent ces chiffres, chaque indigent, secouru pendant l'année entière et vivant seul, a touché, par année, de 122 à 133 marcks, contre 39 marcks pour le secours temporaire au pauvre assisté à domicile ; les familles assistées, pendant toute l'année, ont touché de 232 à 257 marcks, les enfants de 98 à 144 marcks.

Il résulte des documents publiés par la ville que l'assistance publique à domicile a eu pour résultat de réduire de moitié la proportion des indigents secourus.

NOTE D.

Le fondateur de la maison hospitalière de la rue Clavelle, à Belleville, dont le nom est si connu et si justement honoré dans le monde des œuvres charitables et sociales, M. le pasteur Robin, est entré dans d'intéressants détails sur ces stations hospitalières (*natural verpflegung-station*). Il avait exposé auparavant les mesures prises en Allemagne pour combattre la mendicité et le vagabondage, et signalé la fondation, depuis 1882, des colonies de travailleurs qui poursuivent le même but que les stations de logement; les premières étant destinées aux ouvriers sans travail et les secondes aux travailleurs qui s'y rendent et qui sont dénués de ressources pour le voyage.

Il existait, en Allemagne, 15 colonies de travailleurs, en 1886; il en existait 20, au 1er janvier 1889. Toutes ces colonies ont un même règlement, bien qu'ayant leur administration locale et financière particulière ; elles sont reliées entre elles par un comité central qui s'occupe de leurs intérêts, plaide leur cause auprès du public et étudie les questions qui sont pour elles d'un intérêt général. Comme règle d'admission, il n'en existe qu'une : l'acceptation du règlement de la colonie par le travailleur qui s'y présente ; aucun papier n'est exigé; l'obligation seule du travail étant la première condition du règlement.

Le séjour est indéterminé; mais il ne peut excéder, en général, une durée de quatre mois.

Les stations de logement, dont quelques-unes ont reçu un nom particulier, celui d'*auberges chrétiennes*, pour indiquer dans quel esprit elles

sont dirigées, sont destinées aux voyageurs pauvres qui n'ont pas le moyen de payer leur dépense de nourriture et de logement, auxquels on
demande, en retour de l'hospitalité qu'ils y reçoivent, une certaine somme de travail ; quiconque après avoir été admis, refuserait le travail
exigé, peut être déféré à la police et condamné
pour escroquerie, comme ayant fait une dépense
dont il n'avait pas l'intention d'acquitter le montant.

Ces établissements sont des fondations privées
ou communales reliées entre elles, comme les colonies de travailleurs, par les mêmes règles et
placées, comme elles aussi, sous le patronage du
Comité central qui s'occupe d'en assurer le développement et le fonctionnement régulier.

La durée du séjour n'est que de vingt-quatre
heures, à l'exception du dimanche qui la
double et pendant lequel aucun travail ne doit
être exigé.

La durée du travail demandée est de quatre
heures, pour un jour et une nuit d'hospitalité ;
elle doit être double, si l'hospitalité a été accordée
le samedi. Dans l'Etat prussien, sur 535 arrondis-

sements ou cercles, 320 possèdent des stations de logement; 125 stations se trouvent installées dans les auberges chrétiennes, 388 dans les hôtels et 378 dans d'autres établissements. 503 stations sont pourvues de bureaux de placement; 768 stations sont subventionnées par les communes et 107 par les comités privés.

Comme résultat de ces mesures, on a constaté que la mendicité avait disparu dans 304 arrondissements, fortement diminué dans 403. On a vu dans les provinces où cette organisation existe, une diminution de 9.075 pour les condamnés correctionnels, mendiants et vagabonds. (*Bulletin de la Société générale des prisons*, 1889.)

Note E.

Dans un curieux et remarquable mémoire sur la condition du travail en France et en Europe, depuis un siècle, qui a été présenté à la conférence de Berlin par l'un des délégués du gouvernement français, M. Delahaye, ouvrier mécanicien, et qui, lu en séance publique, a été inséré *in extenso* au protocole des délibérations, sur les instances de Mgr Kopp, prince évêque de Breslau, président de la commission du repos dominical, les conséquences de cette augmentation si considérable de la productivité et des forces productives, depuis la naissance de la grande industrie, sont mises en lumière de la façon la plus saisissante. M. Delahaye n'hésite pas à déclarer que « les crises périodiques de surproduction sont devenues aussi meurtrières que les famines de l'antiquité ». Dans sa pensée on peut remédier à ces maux par une législation internationale du travail.

M. Delahaye termine son mémoire par une autre remarque frappante. « On peut conclure, dit-il, de ce qui précède, qu'à mesure que se développent les grands établissements de production, d'échange, de transport et de communication, abstraction faite des crises de surproduction et de leurs conséquences, on voit, d'une part, la richesse sociale s'accroître dans un rapport prodigieux et s'accumuler dans les mains d'une minorité de plus en plus restreinte ; d'autre part, nous constatons que, parmi les ouvriers, il y a un tiers dont l'épargne croît de plus en plus, tandis que la grande majorité se trouve privée de toute ressource et est condamnée à toutes les incertitudes du lendemain. »

Note F.

Il y aurait à mettre en lumière des particularités bien intéressantes dans l'organisation industrielle de M. Brandts, à Munchen–Gladbach, qui, toutes, tendent à supprimer l'antagonisme existant entre l'ouvrier et le patron. Plusieurs des fondations qu'il a pratiquées: caisses de secours pour le cas de maladie, caisse ouvrière, caisse d'épargne, association d'épargne, etc., etc., existent sans doute dans des établissements similaires, mais il y en a d'autres, d'un caractère nouveau et original, qui méritent d'être signalées, car elles ont produit les plus heureux effets.

Et, d'abord, la maison de Saint-Joseph, construite exprès pour les ouvriers et où ils sont chez eux, qui renferme des salles de jeux, de bain, de lecture, etc., où ceux qui habitent loin de l'usine trouvent, à 0 fr. 25, un excellent dîner ; là, les sociétés de chant et de musique donnent leurs concerts, les dimanches et jours de fête. Le parc sert de lieu de promenade et de repos aux ouvriers, pendant les heures libres de la semaine.

Les mères de familles ne sont pas admises à

l'usine; on a organisé pour les jeunes filles l'enseignement de la couture, du repassage, de la cuisine, de tout ce qui est indispensable à une bonne ménagère, et, lorsque le moment du mariage est venu, elles savent parfaitement tenir un intérieur d'une manière économique et le rendre agréable au mari; les femmes sont séparées des hommes pendant le travail.

. Ce sont les ouvriers eux-mêmes qui se chargent de la police des mœurs. Un comité choisi par eux, au scrutin secret, le *collège des anciens*, s'occupe de tout ce qui touche au bien-être religieux, moral et matériel des ouvriers. Ceux qui en font partie surveillent — même en dehors de la fabrique, — les jeunes ouvriers qui leur doivent le respect; ils prennent part à l'administration des caisses d'épargne; ils sont les intermédiaires naturels entre les patrons et les ouvriers; ils peuvent même infliger des amendes, pour des cas que le règlement a prévus et exercent, en diverses occasions, une sorte d'arbitrage.

Les ouvriers qui ne sont pas majeurs n'ont pas le droit de toucher eux-mêmes leur salaire; l'argent est remis aux parents. Dans certains cas, le patron applique même ce procédé à des ouvriers majeurs, quand ils habitent sous le toit paternel. Tout ouvrier non marié qui abandonne la maison de ses parents, sans leur consentement, est exclu de la fabrique *ipso facto.*

Pour combattre l'ivrognerie, M. Brandts a trouvé un moyen singulièrement efficace. Il accorde une prime de 1 fr. 25 à tout ouvrier qui, pendant un mois, se sera privé d'eau-de-vie, de liqueurs. L'ouvrier qui veut toucher sa prime signe un billet dans lequel il déclare s'être abstenu de boissons alcooliques. A la fin du mois, ce billet est jeté dans une boîte fermée. Trois personnes en prennent seules connaissance et le jour de la paie l'ouvrier reçoit son argent, sans autre enquête. Ainsi la parole de l'ouvrier est l'unique garantie exigée par le chef d'industrie! Cette marque de confiance rend l'ouvrier très fier et on n'a presque jamais eu à enregistrer de fraude sous ce rapport. Une infidélité de ce genre est, du reste, immédiatement punie de l'exclusion.

Une prime mensuelle de 1 fr. 25 est également accordée aux ouvriers qui arrivent toujours au travail à l'heure précise.

. Grâce à cet ensemble de dispositions, les usines de M. Brandt sont de véritables modèles. Jamais on n'a remarqué parmi ces ouvriers la moindre velléité de grève ou d'agitation socialiste.

Note G.

Il n'est pas sans intérêt de rapprocher des rescrits de l'Empereur d'Allemagne et du projet de loi relatif à la réforme de la législation ouvrière présente, à la suite de ces rescrits, au Reichstag, par le gouvernement, le contre-projet que les socialistes lui opposent et dont voici l'analyse :

Le premier paragraphe tend à introduire dans législation l'interdiction d'employer les prisonniers à des ouvrages industriels et de vendre le produit de leur travail à des prix inférieurs au prix courant.

Dispositions relatives aux employés dans le commerce, et dans l'industrie et aux apprentis.

Journée de dix heures pour les employés de plus de seize ans; les samedis et veilles de fêtes, elle sera de huit heures, repos non compris.

Elle sera de huit heures, à partir du 1er janvier 1894.

· Elle sera immédiatement de huit heures dans les mines.

L'office du travail du cercle aura un pouvoir de surveillance et pourra, si les circonstances l'exigent, augmenter de deux heures la journée de travail, pendant une durée de trois semaines.

Les dimanches et jours de fête, tout travail industriel est interdit.

Les magasins ne devront être ouverts les dimanches et fêtes que cinq heures au plus.

Le travail de nuit est interdit. L'office du travail pourra autoriser certaines exceptions à cette règle.

Les femmes ne travailleront pas pendant la période de huit semaines qui précèdera et suivra leur accouchement, et, durant ce temps, on n'aura pas le droit de les congédier de l'établissement où elles sont occupées.

· L'office impérial du travail pourra défendre le travail aux femmes et aux enfants dans les industries où leur santé ou leur moralité seront en danger.

Tout chef d'industrie qui emploie des ouvriers est tenu d'avoir un règlement du travail dans son établissement. Ce règlement, après avoir été soumis à l'appréciation des ouvriers et accepté par la Chambre du travail, devra être affiché dans les ateliers, à la portée du regard des ouvriers.

Les amendes en argent pour contravention aux prescriptions du règlement du travail ne devront pas dépasser, pour chaque ouvrier, 5 0/0 de son salaire journalier et seront employées au mieux des intérêts des ouvriers. L'office du travail sera appelé à juger les contestations.

Les ouvriers ne sont pas obligés par la loi à avoir un livret,

Le projet réglemente ensuite le mode de paiement des salaires.

Les patrons ne pourront pas payer leurs ouvriers en nature ; cependant, ils pourront imputer sur les salaires le prix du logement, du chauffage, des remèdes, des outils qu'ils auront pu leur fournir, mais ils ne pourront les compter qu'au prix courant.

Le travail dans les fabriques est interdit aux enfants au-dessous de quatorze ans.

Le patron qui veut employer des ouvriers de moins de seize ans, doit donner connaissance à l'office du travail du cercle des conditions dans lesquelles il les occupe.

Un patron qui veut employer des apprentis doit passer un contrat écrit avec les parents ou le tuteur de l'apprenti. L'apprentissage doit être d'au moins deux ans et il ne peut dépasser trois ans ; la période d'essai sera au plus de six semaines.

Les patrons privés de leurs droits civils ne peuvent avoir ni apprentis, ni ouvriers au-dessous de seize ans.

Suivent des dispositions relatives à la rupture du contrat d'apprentissage.

Office impérial du travail, Offices du travail, Chambres du travail et tribunaux arbitraires.

La surveillance et l'exécution des prescriptions contenues dans la présente loi, ainsi que l'ordonnance et la direction des mesures et des enquêtes nécessitées de quelque façon que ce soit, pour le bien des ouvriers industriels et des apprentis, appartiennent à l'*Office impérial du travail* dont le siège est à Berlin.

Une loi spéciale en déterminera l'organisation.

Au-dessous de l'*Office impérial du travail* sont placés des *Offices du travail*, au nombre de un par région de 200.000 à 400.000 habitants.

Suivent des dispositions déterminant le mode de formation de ces offices et leur compétence.

Les fonctionnaires des *Offices du travail* sont tenus au secret, pour tout ce qui est porté à leur connaissance, dans l'exercice de leurs fonctions.

Chaque *Office du travail* organise dans son ressort un service de renseignements gratuits qu'il centralise. Il peut créer, à cet effet, là où il lui paraît convenable, des succursales que géreront, le cas échéant, les agents de la police locale.

Une *Chambre du travail* entrera en activité, le 1er octobre 1891, dans le ressort de chaque *Office du travail*, à l'effet de prendre en main les intérêts des patrons et des ouvriers, et d'aider l'*Office du travail* dans l'accomplissement de ses devoirs. Les membres des chambres de travail, composées mi-partie de patrons, mi-partie d'ouvriers, sont élus par moitié par les patrons, et moitié par les ouvriers, au suffrage universel, direct et secret, à la majorité simple ; les deux sexes ont les mêmes droits.

Etablissement de *tribunaux arbitrals* dans le sein des *Chambres du travail.*

L'Office impérial du travail est tenu de convoquer les délégués de toutes les *Chambres du travail* une fois par an, pour discuter en commun les intérêts économiques du pays.

Sont passibles d'amende et de prison les patrons qui contreviennent aux prescriptions posées plus haut.

Toutes les défenses et pénalités établies contre les patrons et les ouvriers pour conventions ou ligues, dans le but d'obtenir des conditions de travail ou de salaires plus favorables, telles que la suppression du travail ou le renvoi des ouvriers, sont abrogées.

Les patrons et les employés peuvent s'associer pour régler leurs intérêts communs.

Le projet dont nous n'avons donné ici que les traits principaux porte les signatures des 34 députés socialistes au Reichstag. Qu'on l'ait cru digne d'attention, cela se déduit du fait que M. Grillenberger, un des chefs du groupe socialiste, a été nommé en même temps que le grand industriel Stumm, rapporteur de la commission chargée de l'examen du projet officiel de législation ouvrière.

NOTE H.

Les programmes formulés par les Congrès socialistes réunis à Paris, à l'occasion de l'Exposition universelle, en 1889, nous paraissent aussi devoir être mis utilement en regard des projets de législation ouvrière, que le Parlement allemand va discuter. On se souvient que les Congrès socialistes de 1889, à Paris, ont provoqué la reconstitution de l'Internationale sur des bases nouvelles. *Le congrès possibiliste* avait inscrit, en effet, à son ordre du jour la question suivante : « Des moyens les plus pratiques à employer pour établir des relations constantes entre les organisations ouvrières de tous les pays, sans pour cela porter atteinte à leur autonomie. » Au nom de la *Social-democrat Federation*, jusqu'ici l'adversaire implacable des Trades-Unions, le délégué anglais

a fait la déclaration suivante : « Nous sommes partisans d'une entente définitive avec les Trades-
Unions, de même qu'avec les socialistes des autres pays, mais nous ne voulons pas d'un conseil permanent de contrôle qui résiderait dans
une seule localité. Oui, hâtons-nous de contracter la grande alliance internationale qui permettra
enfin aux travailleurs de tous les pays de prendre possession du sol, des machines et des moyens
de transports. »

Le principe arrêté et voté, le congrès adopta
les vœux suivants : « Le congrès affirme le principe que chaque nationalité est le meilleur juge de
la tactique politique et sociale qu'elle doit suivre.

» En vue d'une correspondance internationale,
un bureau de correspondance internationale sera
formé pour les chambres syndicales, dans chaque
pays.

» Un semblable bureau de correspondance
sera formé pour les partis socialistes, dans chaque
contrée.

» Ces comités se réuniront une fois tous les
trois mois, ou plus souvent s'il est nécessaire,
pour correspondre et s'entendre. »

Le congrès *marxiste* de Paris a eu bien soin de faire mention de la conférence qui devait avoir lieu à Berne, et qui était destinée à provoquer un échange de vues, sur une législation internationale. Jules Guesde a développé dans un long discours les résolutions suivantes, présentées au nom de 145 syndicats et au nom de 90 chambres syndicales de Marseille et de Bordeaux :

1° Il y a lieu, pour les organisations ouvrières et les partis socialistes des deux mondes, de poursuivre en commun l'établissement d'une législation internationale du travail et d'appuyer la République helvétique dans la conférence intergouvernementale convoquée à Berne à cet effet.

2° Cette législation internationale, pour être protectrice de l'existence et de la liberté ouvrières, pour réduire les chômages et raréfier les crises de surproduction, devra porter, avant tout, sur les points suivants :

a) Interdiction du travail des enfants au-dessous de quatorze ans, et de quatorze à dix-huit, réduction de la journée à six heures.

b) Limitation à huit heures de la journée de travail des adultes.

c) Repos obligatoire d'un jour par semaine ou interdiction aux employeurs de faire travailler plus de six jours sur sept.

d) Interdiction du travail de nuit, sauf certains cas à déterminer d'après les nécessités de la production mécanique moderne.

e) Interdiction de certains genres d'industrie et de certains modes de fabrication préjudiciables à la santé des travailleurs.

f) Fixation d'un minimum international du salaire, le même pour les travailleurs des deux sexes.

3° Pour assurer l'application des dispositions ci-dessus, il sera institué des inspecteurs nationaux et internationaux, élus par les travailleurs et rétribués par l'Etat.

Les résolutions votées par le congrès *possibiliste* sont exprimées presque dans la même forme : 1° Journée maxima de huit heures de travail fixée par une loi internationale; 2° Un jour de repos par semaine et point de travail les jours fériés ; 3° Abolition du travail de nuit, autant que possible pour les hommes, entièrement pour les femmes et les enfants ; 4° Suppression du travail des enfants avant l'âge de quatorze ans, et protection de l'enfance jusqu'à l'âge de dix-huit ans; 6° Les heures supplémentaires ne pourront excéder quatre heures par vingt-quatre heures et seront payées double; 7° Responsabilité civile et criminelle des employeurs en cas d'accident ; 9° Créations d'ateliers pour les ouvriers avec subventions des municipalités ou de l'Etat ; 12° Fixation d'un minimum de salaire dans chaque contrée, en rapport avec le coût de tout ce qui est raisonnablement nécessaire à l'existence ; 13° Abrogation de toutes les lois contre l'organisation internationale des travailleurs ; 14° Salaire égal et facilités de travail égales en faveur des hommes et des femmes pour un égal travail.

Note I

Les débuts de la *Prudential* ont été très traversés, très difficiles. De tous côtés on prédisait que les efforts de cette compagnie seraient vains, quand elle commença ses opérations.

Les ouvriers, disait-on, se désintéressaient de ces questions. Jamais ils n'essayeraient d'économiser dans le but de contracter une assurance ;

les combinaisons mises en avant devaient nécessairement leur déplaire. Ses résultats furent si
médiocres, dans les premières années, que l'on
put réellement craindre que les tentatives de
M. Harben n'aboutissent à une absolue déception.
Personne ne comptait sur un concours auquel est
dû le succès de la grande compagnie anglaise, le
concours de la femme de l'ouvrier; ce sont les
femmes qui ont fait la fortune de la compagnie. A
la *Prudential*, en effet, les femmes sont aussi nombreuses que les hommes. Comment sont-elles
venues à l'assurance, elles qui s'en défient plutôt?
C'est que dans les milieux ouvriers, comme ceux
où la *Prudential* a commencé à opérer, la propagande se fait avec une rapidité extraordinaire.
Qu'une nouvelle intéressant le monde des travailleurs soit bonne ou mauvaise, elle traverse les
ateliers, les chantiers, comme un courant électri-
que.

On ne s'imagine point dans quelle mesure la
propagande, faite aux enterrements des ouvriers,
a servi la compagnie. Généralement, quand un
ouvrier pauvre vient à mourir, une collecte a lieu
parmi ses camarades du même atelier ou de la

même profession. Or, on conçoit l'effet produit, après de nombreux décès, parmi les amis de ceux qu'on accompagne au cimetière, quand on apprend qu'une compagnie d'assurance a déjà envoyé à la famille de celui qu'on va enterrer une somme de beaucoup supérieure au produit de la collecte traditionnelle.

C'est par tout un ensemble de mesures habilement ménagées que la *Prudential* est devenue populaire. Après chaque sinistre réglé, les ouvriers, presque conduits par leurs femmes, venaient se faire assurer chez les agents.

C'a été tout une éducation à faire et cette éducation de la population ouvrière a été le fruit d'une action patiente, laborieuse, incessante, le résultat du travail opiniâtre et individuel de gens appartenant au même milieu, ardemment dévoués à la prospérité de leur entreprise.

On peut juger, d'après les derniers comptes-rendus soumis aux assemblées générales des actionnaires, de ce qu'est aujourd'hui la situation de la *Prudential*. Elle paraît destinée à occuper le premier rang, parmi les compagnies d'assurance sur la vie du Royaume-Uni. Le nombre des assurés qui

figurent maintenant sur les livres de la *Prudential*
fournirait, si on les réunissait, une assemblée qui
égalerait deux fois la population actuelle de Londres. Quant au capital accumulé, il atteint maintenant onze millions sterling et il s'augmente
avec une rapidité plus de quatre fois supérieure
à celle que peut montrer la plus favorisée des
compagnies anglaises d'assurance.

Pendant le dernier exercice, la branche ordinaire
a délivré 43,792 nouvelles polices, ce qui a porté à
177,208 le nombre des contrats en cours, au
31 décembre 1889, assurant un capital de L.
4.437.834, produisant en primes un revenu annuel
de L. 253.483. Dans la branche industrielle, on
constate que les polices en cours, au 31 décembre,
étaient au nombre de 8.518.619; la durée moyenne
de chacune d'elles est de 6 ans et 3 mois et le
nombre des décès a été de 150.557. Il y a eu,
l'année dernière 500.000 polices nouvellement
inscrites. L'augmentation dans le chiffre des primes encaissées pour l'année 1888, était déjà
de L. 183.717, et pour l'année 1887, de L. 138.191,
ce qui dénote un accroissement annuel moyen
de L. 169.325, pour chacune des trois premières

années de la période quinquennale actuelle.

Le Président de la dernière assemblée générale, M. Edgard Horne était donc fondé à dire, en rapportant ces faits « qu'ils démontrent que la *Prudential*, bien qu'étant une entreprise commerciale conduite d'après les principes commerciaux, peut se vanter d'avoir enseigné aux classes ouvrières l'économie et l'assurance. »

Une compagnie française, la *Providence-Vie* dirigée par M. Vermot s'occupe, depuis quelque temps, d'entrer dans la voie tracée par la *Prudential.*

Elle a établi, en vue des classes ouvrières, des tarifs pour cinq combinaisons qui comprennent :

1° L'assurance vie entière, c'est-à-dire, pour une somme payable au décès de l'assuré, à quelque époque qu'il se produise.

2° L'assurance à double emploi, c'est-à-dire, pour un somme payable au bout d'une période déterminée (20 ans de la date de la police) si l'assuré vit jusque-là, et une somme payable au décès, à quelque époque qu'il survienne.

3° L'assurance mixte, c'est-à-dire pour une somme payable à l'assuré lui-même, au bout de quinze ans ou au décès, s'il survient auparavant.

4° L'assurance de retraite pour la vieillesse, au moyen d'une rente viagère différée et d'une assurance vie entière, c'est-à-dire une assurance pour une rente viagère, payable trimestriellement, à partir de l'âge de 55 ans et une somme égale à la rente d'une année payable au décès de l'assuré, à quelque époque qu'il se produise.

5° L'assurance du capital différé, ayant pour but la constitution d'une dotation ou d'un capital payable, en cas de vie, après un délai déterminé.

Note J

On objectera peut-être que cette allocation ne pourra produire l'effet que l'on en attend qu'à la condition de n'être point répartie suivant une loi uniforme déterminée à l'avance ; qu'il convient qu'elle ne soit pas l'objet d'un engagement ferme. L'ouvrier, dira-t-on, doit accepter l'éventualité de payer la prime demandée par le tarif ; voilà le principe. La caisse ouvrière lui vient ensuite en aide, suivant que sa situation est plus ou moins intéressante. Promettre à tous indistinctement de payer une fraction déterminée de la prime, ce serait grever la caisse inutilement, dans beaucoup de cas, et son concours cesserait d'être un encouragement efficace s'il n'était pas facultatif.

L'objection a une portée réelle, sans doute, mais c'est là un point qui doit être laissé à l'appréciation des associations qui auront recours à la combinaison que nous avons indiquée.

Note K

LE PATRONATO DE MILAN

Aux termes de ses statuts, le *Patronato* encourage l'assurance; 1° en s'offrant comme intermédiaire gratuit entre l'ouvrier ou l'entrepreneur et les compagnies d'assurances dont il obtient toutes les facilités possibles; 2° en aidant l'ouvrier ou sa famille dans la liquidation de l'indemnité; 3° en avançant au besoin à l'ouvrier le montant de la prime annuelle contre obligation de rembourser par versements successifs ou bien en lui anticipant l'indemnité liquidée pour l'accident; 4° en payant dans certaines circonstances, pour le travailleur, une partie de la prime d'assurance.

Le *Patronato* prête, en outre, son appui morla

aux victimes, en les aidant, les conseillant, les soutenant par ses démarches pour obtenir, soit par voie de conciliation, soit par voie judiciaire, l'indemnité due ; enfin, dans les cas d'urgence extrême, il donne même des secours temporaires en argent aux plus nécessiteux.

Les ressources du *Patronato* proviennent des cotisations de ses membres et des subventions, dons ou legs qu'il peut recueillir.

Fondé en 1883, au 31 décembre 1888 il avait assuré 38.873 individus et n'était pas intervenu dans moins de 8.502 cas d'accidents. Chose remarquable : la caisse d'assurance nationale d'Italie, fondée en 1883, avait donné jusqu'ici peu de résultats; depuis que le *Patronato* s'est fait l'intermédiaire et le prosélyte de l'assurance, un mouvement tout nouveau s'est produit : le rapport de M. Ugo Pisa cite ce fait curieux que les travailleurs assurés à la caisse nationale étaient, à Turin, au nombre de 1419, au 12 janvier 1887, lorsque le *Patronato* commença son action ; et qu'au 1er novembre 1888, en moins de 2 ans, ils s'élevaient, grâce à l'intervention de celui-ci à 14.773.

TABLE DES MATIÈRES

CHATEAUROUX, — TYP. ET STÉRÉOTYP. A. MAJESTÉ.

CARTOGRAMMES

DONNANT, D'APRÈS LES DOCUMENTS OFFICIELS LES PLUS RÉCENTS

LA RÉPARTITION TOPOGRAPHIQUE

DE

LA MISÈRE A PARIS

Dressés sous la direction de M. LEFÉBURE

Par M. Maurice HARBULOT

De la Société de statistique de Paris

———

DIAPASON DES TEINTES :

■ Indique les ARRONDISSEMENTS ou les QUARTIERS très pauvres.

■ Indique les ARRONDISSEMENTS ou les QUARTIERS pauvres.

■ Indique les ARRONDISSEMENTS ou les QUARTIERS aisés.

▨ Indique les ARRONDISSEMENTS ou les QUARTIERS très aisés.

▨ Indique les ARRONDISSEMENTS ou les QUARTIERS riches.

☐ Indique les ARRONDISSEMENTS ou les QUARTIERS de luxe.

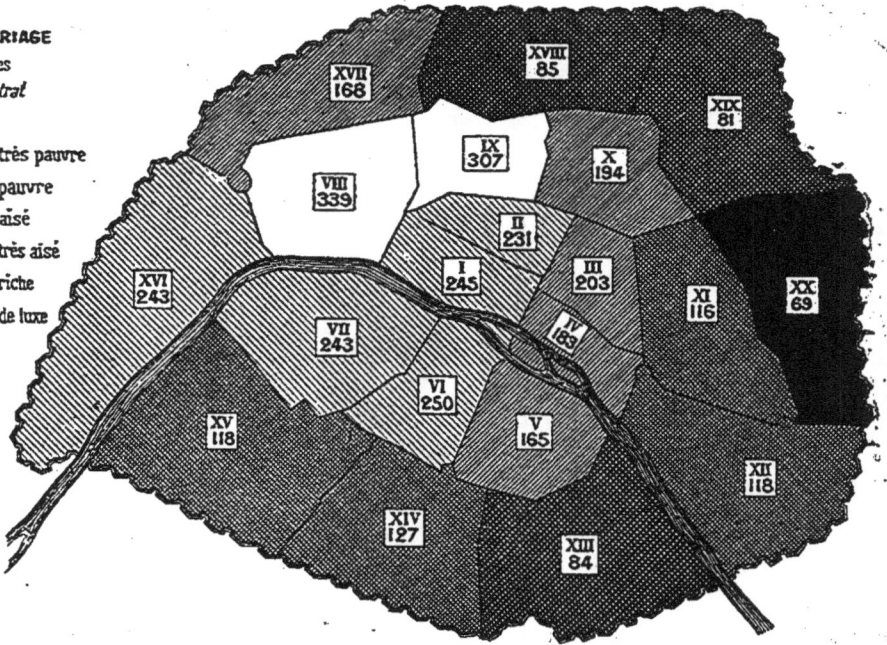

CONTRATS DE MARIAGE
sur 1000 mariages
combien avec contrat
(1880 - 1884)

Moins de 80   arr.ᵗ très pauvre
de 80 à 100   _   pauvre
de 100 à 130   _   aisé
de 131 à 210   _   très aisé
de 211 à 300   _   riche
plus de 300   _   de luxe

XVII
168

XVIII
85

XIX
81

IX
307

X
194

VIII
339

II
231

XVI
243

I
245

III
203

XI
116

XX
69

VII
243

IV
83

VI
250

XV
118

V
165

XII
118

XIV
127

XIII
84

CARTOGRAMME Nº 2.

Pour 1000 habitants
Combien d'indigents
(1886)

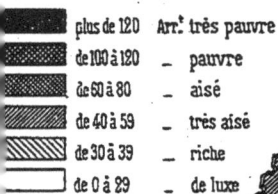

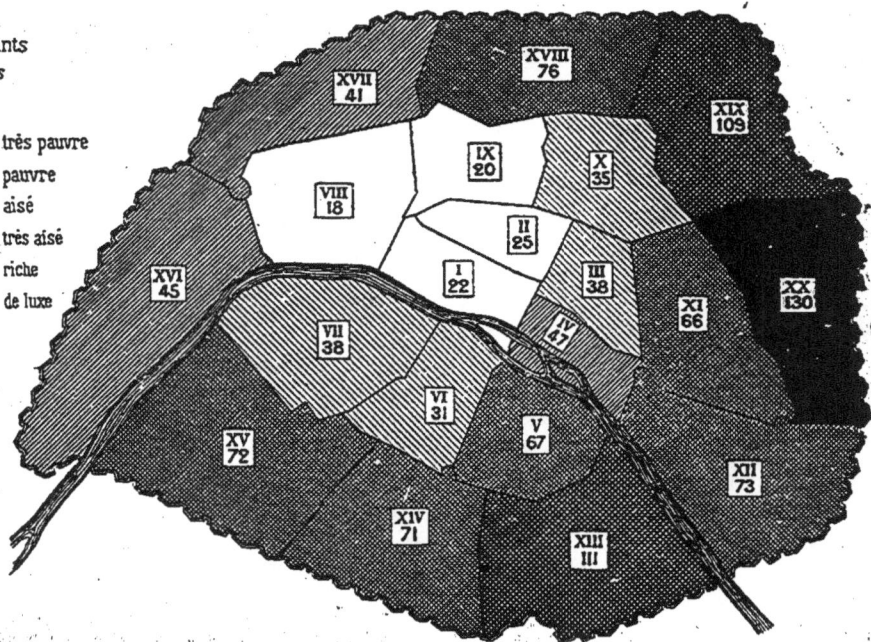

plus de 120	Arr.ᵗ très pauvre
de 100 à 120	— pauvre
de 60 à 80	— aisé
de 40 à 59	— très aisé
de 30 à 39	— riche
de 0 à 29	— de luxe

XVII
41

XVIII
76

XIX
109

IX
20

X
35

VIII
18

II
25

XVI
45

I
22

III
38

XX
130

XI
66

IV
67

VII
38

VI
31

V
67

XV
72

XII
73

XIV
71

XIII
III

CARTOGRAMME N° 3.

Pour 1000 individus
exerçant euxmêmes une profession
Combien d'ouvriers
(1886)

plus de 700 Quart^t très pauvre
de 600 à 699 — pauvre
de 500 à 599 — aisé
de 400 à 499 — très aisé
de 300 à 399 — riche
de 200 à 299 — de luxe

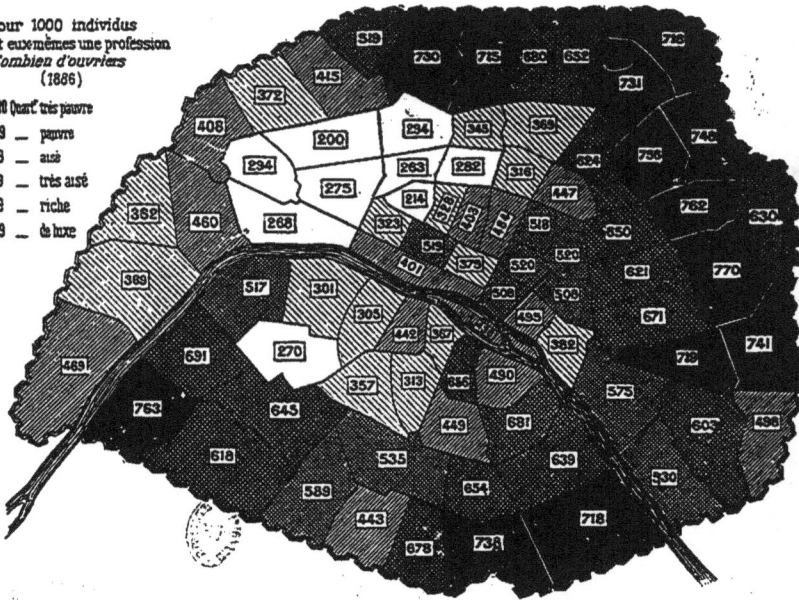

200 Europe		508 St Merri	
314 Caillou		512 Gros-Caillou	
263 Ch^mes d'Antin		513 Arts-et-	
268 Ch. Elysées		515 Epinettes	
270 Ecole militaire		519 Palais-Royal	
275 Madeleine		520 Enfants	
282 F^g Montmartre		520 St Avoye	
294 Roule		530 Bercy	
294 St Georges		535 Montparnasse	
301 Invalides		575 Quinze-Vingts	
305 St Thomas d'Aquin		589 Plaisance	
313 Odéon		603 Picpus	
316 Porte St Denis		618 St Lambert	
323 Place-Vendome		621 St Ambroise	
328 Vivienne		624 Hopital St Louis	
345 Rochechouart		630 St Lazeau	
357 N.D. des Champs		639 Salpêtrière	
362 P^te Dauphine		645 Necker	
367 Monnaie		650 Folie-Méricourt	
369 St Vincent de Paul		652 la Chapelle	
369 la Muette		654 Croulebarbe	
372 Plaine Monceau		656 Sorbonne	
375 Halles		671 Roquette	
382 Arsenal		678 Santé	
401 St Germain l'Aux.		680 Goutte d'Or	
403 Mail		681 J^d des plantes	
408 Ternes		691 Grenelle	
415 Batignolles		715 Clignancourt	
436 Notre-Dame		718 Pont de Flandre	
442 St Germain des prés		718 Gare	
443 Petit Montrouge		719 Ste Marguerite	
447 Porte St Martin		730 Goudes-carrière	
449 Val-de-Grâce		731 la Villette	
460 Bassins		738 Maison blanche	
484 Bonne-Nouvelle		741 Charonne	
480 St Victor		748 Amérique	
485 St Gervais		756 Combat	
488 Bel-Air		762 Belleville	
508 Archives		763 Javel	
		770 Père-Lachaise	

VALEUR MATRICIELLE

Moyenne des logements
en 1888

de 1 à 249	Quart. très pauvre
de 250 à 499	— pauvre
de 500 à 999	— aisé
de 1000 à 1499	— très aisé
de 1500 à 2999	— riche
de 3000 et au dessus	— de luxe

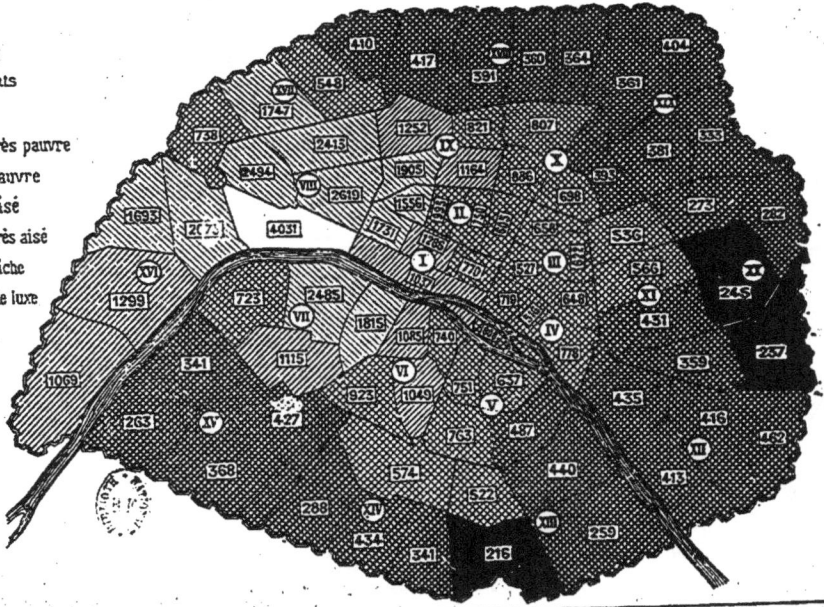

www.ingramcontent.com/pod-product-compliance
Lightning Source LLC
Chambersburg PA
CBHW050507270326
41927CB00009B/1936